"十四五"职业教育国家规划教材

互联网+活页式理念新形态教材

城市轨道交通运营管理

（第 2 版）

主审　曾　鑫

主编　李建明

教·学
资·源

上海交通大学出版社
SHANGHAI JIAO TONG UNIVERSITY PRESS

内容提要

本书共分 7 个项目,内容涵盖城市轨道交通客运管理、城市轨道交通运输管理、城市轨道交通行车管理、城市轨道交通网络运营管理、城市轨道交通票务管理、城市轨道交通运营效益管理、城市轨道交通安全管理等。

本书内容实用、案例丰富、紧跟时代,可作为高等职业院校城市轨道交通专业或其他相关专业的教材,亦可供行业相关技术人员或培训人员使用。

图书在版编目(CIP)数据

城市轨道交通运营管理 / 李建明主编. -- 2 版. -- 上海 : 上海交通大学出版社, 2021.10(2023.7 重印)
ISBN 978-7-313-25614-0

Ⅰ. ①城… Ⅱ. ①李… Ⅲ. ①城市铁路-交通运输管理-高等职业教育-教材 Ⅳ. ①U239.5

中国版本图书馆 CIP 数据核字(2021)第 209910 号

城市轨道交通运营管理(第 2 版)

CHENGSHI GUIDAO JIAOTONG YUNYING GUANLI (DI-ER BAN)

主　　编:李建明

出版发行:上海交通大学出版社　　　　　　　地　　址:上海市番禺路 951 号
邮政编码:200030　　　　　　　　　　　　　电　　话:021-64071208
印　　制:北京京华铭诚工贸有限公司　　　　经　　销:全国新华书店
开　　本:787mm×1092mm　1/16　　　　　　印　　张:13.5
字　　数:320 千字
版　　次:2021 年 10 月第 2 版　　　　　　　印　　次:2023 年 7 月第 4 次印刷
书　　号:ISBN 978-7-313-25614-0
定　　价:45.00 元

前言

PREFACE

由于城市轨道交通具有运量大、快速、便捷、准时、安全等特点，因此许多城市都将发展城市轨道交通作为解决交通拥堵问题的主要途径。但是随着城市轨道交通的迅速发展，其运营管理工作也日渐复杂，现有的城市轨道运营管理专业的内容已不能满足行业的要求。

鉴于上述情况，为了培养城市轨道交通运营管理的相关人才，全力保障城市轨道交通能够安全运营，满足乘客对城市轨道交通运营效率的要求，本书从城市轨道交通的发展现状及教学需求出发，精心安排理论知识，充分结合实际情况，深刻分析行业案例，最终达到使学生掌握城市轨道交通运营管理技能的目的。

此外，为贯彻落实党的二十大精神，我们还结合城市轨道交通运营管理课程的教学内容，进一步修订了本书。

具体来说，本书主要有以下特色。

（1）**素质教育，立德树人**。为了培养学生正确的价值取向，本书在每个项目后设置了"行业知多少"模块，介绍了城市轨道交通行业的先进人物及相关科技，引导学生深入领会爱岗敬业、艰苦奋斗、勇于创新、淡泊名利、甘于奉献的时代精神。

（2）**校企合作，紧贴岗位**。本书的编写得到了一线教师与城市轨道交通运营单位专业人士的大力支持，无论是理论知识的安排，还是任务实施的设置，都充分满足了教学实践与行业要求。

（3）**活页理念，素质教学**。为落实教育部相关文件精神，切实满足职业教育的要求，本书采用了"活页式理念"进行编写，坚持以实践应用为主线，在传授学生理论知识的同时，还着力锻炼学生解决问题的能力，培养学生的职业规划意识。

（4）**数字资源，平台辅助**。本书配备了海量的数字化资源，可以帮助学生更好地掌握相关知识。例如，本书在正文中配备了大量的随堂微课，增加了学生的学习途经。学生扫描二维码即可观看精彩视频，同步学习相关知识。另外，本书还配有制作精美的教学课件等教学资源，学生可以登录文旌综合教育平台"文旌课堂"（www.wenjingketang.com），下载更多教学资源包。

　　此外，本书还提供了在线题库，支持"教学作业，一键发布"，教师只需通过微信或"文旌课堂"App 扫描扉页二维码，即可迅速选题、一键发布、智能批改，并查看学生的作业分析报告，提高教学效率、提升教学体验。学生可在线完成作业，巩固所学知识，提高学习效率。

　　（5）任务驱动，理实一体。本书采用项目任务式体例编写。每个任务以城市轨道交通中的实际案例引入，引导学生积极主动地学习相关知识。在任务实施部分，本书安排了相关的实际应用，尽可能地帮助学生掌握重要技能，真正做到了理论和实践相结合。

　　（6）结构清晰，内容实用。城市轨道交通运营管理是一门综合型课程，其知识面涉及广泛，与其他课程交叉较多。本书紧扣城市轨道交通运营管理的核心理论和实用技能，结构清晰合理、内容详略得当。

　　（7）模块丰富，轻松学习。在编写本书的过程中，编者设置了大量与城市轨道交通运营管理相关的模块，如"案例分析""知识拓展"等，以帮助学生轻松掌握相关内容。其中，"案例分析"模块多采用实际案例，能有效帮助学生理解相关知识点及其在实践中的应用；"知识拓展"与"课堂讨论"模块能让学生充分理解城市轨道交通运营管理的重要性，掌握相关技能的实际应用。

　　本书由曾鑫担任主审，李建明担任主编，赵璐担任副主编。在编写本书的过程中，编者参阅和借鉴了大量的文献和书籍，引用了大量的案例，在此特向这些资源的作者表示衷心的感谢。由于编者水平有限，书中存在的疏漏与不当，恳请广大读者批评指正。

目 录 / CONTENTS

绪　论

>>>>>>

0.1.1　我国城市轨道交通的发展

从 20 世纪 50 年代我国第一条城市轨道线路开始筹划，到 2020 年底中国内地累计有 44 个城市开通运营城市轨道线路共 233 条。我国城市轨道交通经历了不平凡的 60 多年，总体来说，其发展历程可分为起步阶段、发展阶段和快速发展阶段，每个阶段都有鲜明的发展特点。

1.　起步阶段

虽然天津在 1906 年就修建了有轨电车，但是此时的有轨电车大都由国外企业投资建成。我国城市轨道交通真正意义上的起步阶段开始于北京地铁 1 号线的筹划。20 世纪 50 年代，为了方便市民生活，特别是满足战备需求，国务院决定修建北京地铁。经过 4 年零 3 个月的建设，直到 1969 年 10 月 1 日，北京地铁一期工程才得以通车，总建设长度为 30.5 千米，总投资额为 7 亿元，共完成土石方为 81 842 万立方米。随后，天津也于 1970 年开始修建地铁。

我国在城市轨道交通规划与建设的起步阶段，除了要实现城市客运的功能之外，更重要的是考虑战备需求。到 20 世纪 80 年代，我国共建成城市轨道交通 50.9 千米。

2.　发展阶段

20 世纪 80 年代末至 90 年代末，是我国城市轨道交通的发展阶段，这一阶段修建城市轨道交通的主要目的是解决大城市交通拥堵的问题。起初我国并没有与城市轨道交通建设相关的规定，直到建设广州地铁 1 号线时，该线路的综合造价突破 8 亿元，此后国务院根据当时的城市经济发展水平和国家财力状况，提出了严格控制城市轨道交通发展的思想，并对在建的城市轨道交通项目加强管理。

进入 20 世纪 90 年代以后，为适应城市快速发展的需要和缓解城市交通的紧张状况，我国政府加大了对城市交通基础设施的投入，开始强调城市轨道交通对城市交通系统的引导和城市发展的作用。此时发展大运量城市轨道交通系统的理念开始显现，上海、广州、深圳、大连等城市都开始建设城市轨道交通。这一时期新建城市轨道交通 54 千米，全国通车里程达 104.9 千米，全国运营城市轨道交通线路的城市为北京、香港、上海、广州。

3. 快速发展阶段

进入 21 世纪，我国城市轨道交通快速发展。由于大城市人口的增加和城市规模的不断扩大，使得城市居民交通需求迅速增长，虽然近年来城市车辆保有量大幅度提高，但交通问题也日益突出，具体表现为交通堵塞、车速降低、车祸频繁、停车困难、噪声危害严重等问题。为解决以上问题，并结合国内外城市交通发展的经验教训，我国深刻认识到，大城市交通问题的解决必须依赖公共交通的发展，特大城市还需建立以城市轨道交通系统为骨干，以公共交通系统为主体，多种交通方式互相协调的综合交通系统。

于是，1998 年国务院出台了国产化政策，提出将深圳地铁 1 号线、上海明珠线、广州地铁 2 号线作为国产化的依托项目启动的政策。1999 年国家先后批准了近 10 个城市的城市轨道交通项目开工，并投入 40 亿元国债资金给予支持。2003 年 9 月，国务院办公厅颁布了《国务院办公厅关于加强城市快速轨道交通建设管理的通知》，强调加强城市轨道交通建设规划的编制、审批工作，要求上报城市轨道交通项目的城市须先编制近期建设规划，此后我国城市轨道交通建设进入一个前所未有的快速发展阶段。截至 2020 年 12 月 31 日，我国内地已有城市轨道交通运营里程共计 7 545.5 千米，具体分布如图 0-1 所示，大部分城市轨道交通主要集中在一线城市。如图 0-2 所示，从总体上看，我国内地的城市轨道交通系统种类丰富，有地铁、市域快轨、现代有轨电车、轻轨、单轨、磁悬浮等多种制式，但是地铁、市域快轨、有轨电车仍是城市轨道交通的主要制式。

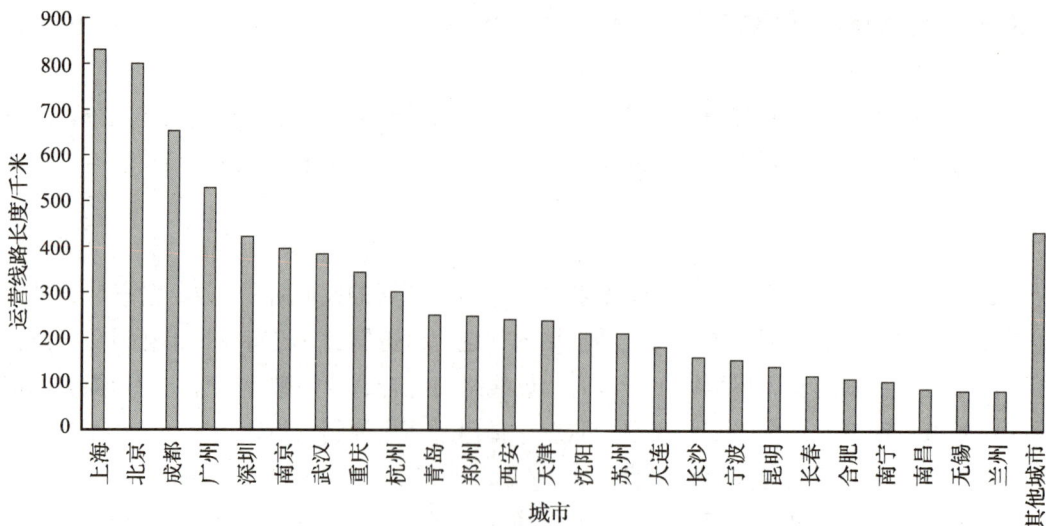

图 0-1　我国内地主要城市城市轨道交通运营里程

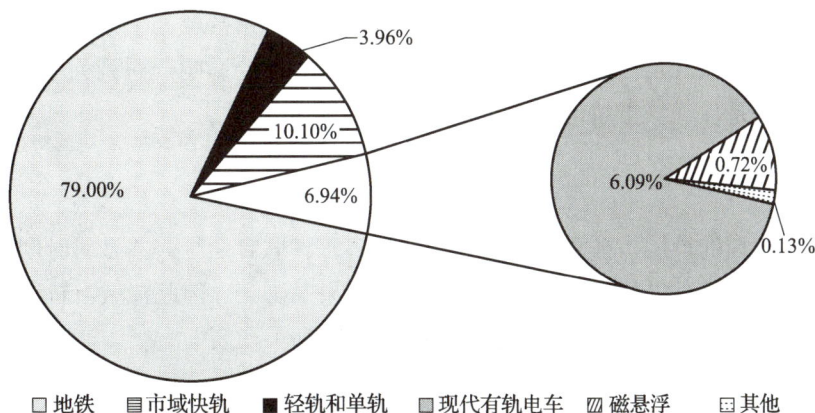

图 0-2　我国内地城市轨道交通运营线路制式结构

0.1.2　城市轨道交通运营的特点

城市轨道交通运营的目标是综合利用各项设备来满足乘客的各种运输服务需求，为广大乘客提供便利、快捷、安全、舒适的运输服务。一般来说，城市轨道交通的运营工作应保证严格管理，系统联动，时空关联，调度指挥集中，服务安全可靠。

1. 严格管理

规章制度是规范工作人员行为活动的基本准则，是城市轨道交通运营管理的核心内容。虽然现代城市轨道交通设备的技术，如列车的自动驾驶、信号设备的自动化、检票系统的自动化等，已经取代传统的人工操作，但是任何先进的技术设备都不能完全代替人工管理，因此只有制订适用且合理的规章制度，并严格执行，才能保证规模庞大、技术复杂的城市轨道交通系统有序、安全、高效地运转。

2. 系统联动

由于城市轨道交通系统构成复杂，涉及的设备与环节繁多，因此运营工作必须处理好不同部分、不同环节间的联动特性。例如，车辆和设备之间、各种设备之间的运行要遵循严格的技术配合，来满足它们之间的相互依托关系。如果在运营过程中任何环节出现故障，都会不同程度地影响城市轨道交通的正常运行，情况严重时还会造成列车停运。

一般来说，城市轨道交通的系统联动需要通过制订运营计划来实现，通过运营计划的良好实现来满足乘客的运输服务需求。

3. 时空关联

列车的运行不但要考虑运行时间的安排，保障列车运行系统能最大限度地为乘客提供车次，还要考虑列车在空间上的交错，确保各列车在空间上有序运行，能最大限度地利用城市轨道交通线路。整个城市轨道交通系统一般包含成百条甚至上千条列车同时运行。由于各列车的时空关联性，一旦有列车因为故障而停运，就会影响一系列列车的正常运行。因此，时空关联是保证城市轨道交通正常运营的标准之一。

4. 调度指挥集中

城市轨道交通的调度指挥工作需要多专业、多工种联合运行，并且对时间、空间观念要求高，因为其一旦发生故障，将会造成严重的后果及影响。因此，城市轨道交通需要严格的统一指挥，通常这一工作由中央控制中心（调度所）负责。

中央控制中心一般设于距整条线路中间最近的车站附近，所内需包含信号系统、供电系统、环控系统、主机及显示屏等设备。同时，在城市轨道交通的运营过程中，需要行车调度员、电力调度员、环控调度员分别负责行车系统、供电系统及环控系统的调度指挥工作，以保障各个系统的正常运营。

5. 服务安全可靠

城市轨道交通每天需面对数十万乃至数百万的乘客，完成将他们运输到目的地的任务。为了使每位乘客在搭乘城市轨道交通的整个过程中都感到满意，相关部门必须保证每个环节均能为乘客提供优质的服务。

首先，相关部门应保证各线路安全、准时地运行，以确保乘客顺利地完成出行，这是实现城市轨道交通服务安全可靠最根本的环节。其次，相关部门还应根据市场需求和客流变化规律制订不同的运营计划，以更好地满足乘客的需求。

0.1.3　城市轨道交通系统构成

城市轨道交通的主要技术设备为线路、车站、车辆和车辆基地、控制系统，以及其他设备系统。

1. 线路

城市轨道交通线路简称线路，它是由路基、道床、钢轨、轨枕、扣件等组成的整体工程结构。线路的各个部分应该一直保持良好的状态，以便列车能够按规定的速度安全、平稳、不间断地运行，这样才能保证城市轨道交通高质量地完成乘客运输任务。按在运营中的作用，不同线路可分为正线、辅助线和车场线三种。

2. 车站

车站是乘客上下车、换乘的场所，也是列车发到、通过、折返或临时停车的地点。车站一般由出入口、站厅、站台和生产用房等组成，并通过通道、楼梯和自动扶梯将入口、站厅和站台连接起来。

车站的分类方式有很多种，按照功能的不同，车站可分为终点站、中间站、折返站和换乘站；按站台形式的不同，车站可分为岛式站台车站、侧式站台车站和岛侧混合式车站。除此之外，车站还可以按客流量大小、是否有人管理等方式分类。

3. 车辆及车辆基地

1）车辆

车辆是运输乘客的运载工具，它的基本构造包含车体、转向架、牵引动力装置、车钩缓冲装置、电气装置等几部分。车辆不但要有安全、快速、大容量等功能，为乘客提供良好、舒适的乘车环境，还应有节能作用，并在外观方面要有助于美化城市景观，展示城市特色。

车辆按照技术特征的不同可分为地铁车辆、轻轨车辆、单轨车辆、有轨电车等，每种车辆类型还可以按照车辆质量、车辆大小、牵引动力配置等特性细分成不同车种。

2）车辆基地

车辆基地是车辆段和停车场的总称。

车辆段：是车辆运用、停放、检修，以及进行车辆技术检查、清扫洗刷等日常保养维修作业的场所。

停车场：与车辆段的功能相似，但是停车场不能承担车辆定期检修作业。

车辆基地有贯通式和尽端式两种。在为城市轨道交通设置车辆基地时，一般每条线路都需要设置一个车辆段，但是当线路长度超过 20 千米时，需要设置一个车辆段和一个停车场。

4. 控制系统

控制系统的作用是保障列车运行安全、提高线路通过能力、保证作业协调与提高运营效率。控制系统主要由信号系统、通信系统和控制中心构成。

1）信号系统

信号系统一般指信号、联锁和闭塞设备的总称，目前城市轨道交通常用的信号系统为列车自动控制系统。该系统是在传统的信联闭设备（即信号、联锁、闭塞设备）、调度集中系统的基础上，应用信息、通信、计算机、自动控制等先进技术，以列车速度自动控制为核心的一种新型信号系统。

（1）信号设备。

信号设备主要是指视觉信号设备，包括车载信号设备、色灯信号机、信号灯和信号旗等。其中，车载信号设备是安装在车辆上的信号设备，它通过城市轨道交通电路等接收来自地面的信息，控制列车安全地追踪运行；色灯信号机用于指示列车运行或车辆调移的命令，它一般设置在正线、车站和车辆段的特定位置；信号灯和信号旗用来显示手信号，通常在昼间使用信号旗，夜间使用信号灯。

（2）联锁设备。

联锁设备设置在有道岔的车站和车辆段范围内，在道岔、信号机、进路之间建立起一种相互制约的联锁关系，保证列车运行与调车作业的安全。联锁设备有电气集中联锁设备和微机联锁设备两种。

（3）闭塞设备。

为防止同向列车追尾或对向列车冲撞，正常情况下，在线路上运行的列车会通过行车闭塞来实现按空间间隔法行车。实现行车闭塞的设备称为闭塞设备，它有固定闭塞设备和移动闭塞设备两类。

2）通信系统

通信系统由光纤通信、专用通信、公务通信、无线通信、闭路电视监控和有线广播等子系统组成，它是城市轨道交通实现安全、高效的调动指挥与运营管理，以及向乘客提供信息、提高服务水平的必备手段。

3）控制中心

控制中心是行车组织、电力监控、车站设备监控和防灾报警监控的调度指挥中枢，同时也是通信枢纽与信息交换处理中心。控制中心具有行车调度、电力调度、环控调度和维修调度等调度指挥职能。在发生事故、灾害的情况下，控制中心还是突发事件的处理指挥中心。

5. 其他设备系统

1）供电系统

供电系统通常由外部电源、主变电所、牵引供电系统、动力照明供电系统和电力监控系统组成。

（1）外部电源。

外部电源是指城市电网，外部电源供电是指通过城市电网一次电力系统和城市轨道交通供电系统实现输送或变换，然后以适当的电压等级供给城市轨道交通各类用电设备的过程。外部电源供电通常有集中式供电和分散式供电两种供电方式。

（2）主变电所。

主变电所是由城市电网获得高压电源（一般为 110 千伏），经降压后以中压电压等级供给牵引变电所和降压变电所的一种变电所。

（3）牵引供电系统。

牵引供电系统是将交流中压电压经降压整流变成直流 1 500 伏或直流 750 伏的电压，为城市轨道交通提供牵引供电的系统。

（4）动力照明供电系统。

动力照明供电系统是将降压变电所输出的 400 伏电压，供给车站、区间动力（空调、通风、电扶梯、屏蔽门、通号、广播等），以及照明（公共区、办公区、设备区）

的系统。

（5）电力监控系统。

电力监控系统是保证控制中心对供电系统的各种变电所中使用的各设备的运行状态进行监视、控制和数据采集的系统。

2）环控系统

环控系统是为了改善地下车站与区间隧道内的空气质量、温度和湿度，以及在发生火灾事故时排烟送风，使乘客能安全撤离而设置的。环控系统主要包含车站通风空调和隧道通风两个子系统。

3）防灾报警系统

城市轨道交通在运营时可能发生的灾害有火灾、水灾、大风、雷击和地震等，因此需要设置防灾报警系统，以便在灾害发生时组织客流疏散。在各种灾害中，火灾在运营过程中发生的概率最高，因此，防灾报警的重点是火灾报警。常见的火灾报警系统包含监控工作站、火灾报警控制器、各种火灾探测器、手动报警按钮、报警电话和光纤环网等几部分。

4）票务系统

票务系统是为实现自动售票、检票、计费、统计分析、清分结算等而建立的一套满足票务发展及管理需求的系统。现代城市轨道交通票务系统主要是制定票价等运营策略，以及对车票制作、车票出售、入站检票、出站检票、补票、罚款等营收信息进行有效管理。随着城市轨道交通票务功能的不断扩展，票务系统也承担起对运营状况进行监控、监理的职责。

0.1.4　城市轨道交通运营管理工作的要求

根据中华人民共和国交通运输部公布的《城市轨道交通运营管理规定》，城市轨道交通运用管理工作应包含运营基础要求、运营服务、安全支持保障、应急处理、法律责任等部分，部分重要要求如下。

城市轨道交通运营管理规定

（1）城市轨道交通运营管理应当遵循以人民为中心、安全可靠、便捷高效、经济舒适的原则。

（2）交通运输部负责指导全国城市轨道交通运营管理工作。省、自治区交通运输主管部门负责指导本行政区域内的城市轨道交通运营管理工作。

（3）运营单位应当按照有关标准为乘客提供安全、可靠、便捷、高效、经济的服务，保证服务质量。运营单位应当向社会公布运营服务质量承诺并报城市轨道交通运营主管部门备案，定期报告履行情况。

（4）城市轨道交通工程项目应当按照规定划定保护区。开通初期运营前，建设单位应当向运营单位提供保护区平面图，并在具备条件的保护区设置提示或者警示标志。

（5）城市轨道交通所在地城市及以上地方各级人民政府应当建立运营突发事件处置工作机制，明确相关部门和单位的职责分工、工作机制和处置要求，制订完善运营突发事件应急预案。

（6）城市轨道交通工程项目（含甩项工程）未经安全评估投入运营的，由城市轨道交通运营主管部门责令限期整改，并对运营单位处以2万元以上3万元以下的罚款，同时对其主要负责人处以1万元以下的罚款；有严重安全隐患的，城市轨道交通运营主管部门应当责令暂停运营。

0.1.5　城市轨道交通运营管理工作的主要内容

城市轨道交通运营管理工作的主要内容如图0-3所示，它包括运输管理、安全管理、人力资源管理、财务管理、信息化管理几部分。

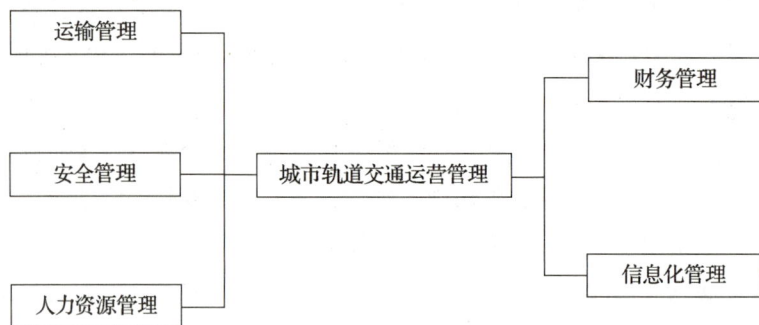

图0-3　城市轨道交通运营管理工作的主要内容

1. 运输管理

城市轨道交通的运输管理工作包括调度指挥、车站管理、乘务管理和运营设备维修与管理四方面的内容。

1）调度指挥

调度指挥是城市轨道交通运输管理工作的核心，其任务是全程监督全线列车按照计划的列车运行图运行。对于任何运行偏离的情况，控制中心应及时调整运行方案，并指挥各部门按方案的目标协同工作，以保障列车运行安全与行车组织秩序。调度指挥由控制中心实施，一般由值班主任（调度）领导，下设行车调度、电力调度、环控调度、维修调度等专业岗位。

2）车站管理

车站是城市轨道交通的重要组成部分，是相关运营单位与服务对象关联的平台。车站管理的核心任务是以行车计划为基础，安全、迅速地组织客流集散。车站管理工作的复杂性与客流量、车站规模等有关，车站的日常管理一般采用站长领导下的值班站长负责制，值班站长负责当班期间车站的行车、客运、票务、卫生等工作。

3）乘务管理

乘务管理工作的核心是合理制订值乘方案和安排乘务员作息时间，以确保车站内的各项工作有序进行。城市轨道交通常用的值乘模式是轮乘，优点是可以精减人员、提高工作效率，特别是在网络化运营时，由于每条线路运营条件不同，乘务员的工作制度可根据实际情况进行调整。

4）运营设备维修与管理

运营设备维修与管理是城市轨道交通运营管理的重要组成部分，其任务是保证各项设备系统以良好的状态投入运营。为了强化运营设备维修与管理工作的系统性，在城市轨道交通设计与建设过程中就应考虑设备的功能、操作方式、安装和维护要求等内容，这样，工程建设过程就能充分兼顾运营要求，为投产运营后运营设备的维修与管理奠定基础。

2. 安全管理

城市轨道交通安全是指不发生行车、客运、人身伤亡、火灾爆炸、设备设施等事故。安全是城市轨道交通运营管理工作的头等大事，是实现效益的保证。城市轨道交通作为公益性事业，一旦发生事故，不仅相关单位的经济效益受损，同时也将使政府形象受损，甚至影响社会的稳定。

3. 人力资源管理

人力资源管理是指人力资源的获得、整合、激励、调控及开发的一系列过程。

1）基本过程

（1）对组织成员进行招聘、选拔与委任。

（2）使分散在组织机构中的不同层次、不同部门、不同岗位和不同地区的组织成员建立和加强对工作的责任感。

（3）通过各种有效的手段激发、增强组织成员在达成工作目标过程中的成就感，以提高组织成员的劳动积极性和劳动生产率。

（4）考核组织成员的工作绩效，并做出相应的升迁、降级、解雇等决策。

（5）有针对性地对组织成员进行培养，奠定其日后进一步发展的基础，并为其指出今后的发展方向和道路。

2）职务分布

城市轨道交通运营过程中涉及的职务分布如图0-4所示，每个职位工作人员人数的设定由城市轨道交通的规模决定，而且还会受到工作时间的影响。例如，某站台在白天营运高峰时段共安排7名工作人员，其中站长、行车值班员、客运值班员各1名，站务员4名，而在非高峰时段，则将站务人员减至2名，以节约人力资源。

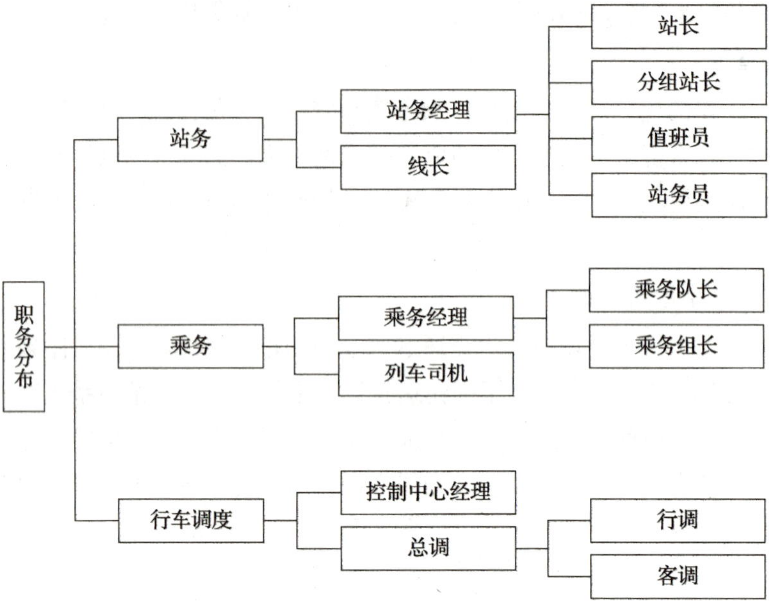

图0-4　城市轨道交通运营职务分布图

4. 财务管理

一般来说，财务管理的目标为产值最大化、利润最大化、股东财富最大化、企业价值最大化。但是由于城市轨道交通运营具有公益性的特点，所以在资金筹措、票价制定、投资决策等方面，不能以财富最大化作为决策的主要依据。城市轨道交通运营单位应当通过加强内部的财务管理来提高自身的生存和获利能力，使单位得以长久发展。

城市轨道交通财务管理主要涉及资金筹集管理、资金分配和运用管理、资金补偿管理和票务管理几部分内容。

1）资金筹集管理

城市轨道交通系统的资金来源，除了票款及经营性收入之外，主要来自政府补贴。对于不同城市，政府补贴的申请程序、使用与审计方法都有所不同。财务管理部门应当按照政府财政部门的相关规定，及时而经济地筹集相关资金。

2）资金分配和运用管理

由于城市轨道交通在运营的各个环节对资金的需要量与运营活动本身的特点及各种生产要素有关，财务管理部门必须根据实际情况来分配、调度资金，才能保证城市轨道交通运营活动的顺利开展。

3）资金补偿管理

为了保证城市轨道交通的正常运营，财务管理部门需要对资金进行补偿管理从而维持经营活动的可持续性。城市轨道交通的资金补偿管理包括控制生产运营支出及保证消耗的资金得到及时足额的补偿两部分内容。前者的目的是提高运营的净收益，后者的目的是实现资金的良性循环。

4）票务管理

票务管理工作的核心是制定票制、票价和检票管理，具体内容包括车票流向、票款收入及自动售检票系统的运行。票务管理通常由票务管理中心来负责，其工作内容为管理日常票务业务、制订票务政策等。

票务政策通常规定了票价制定的原则、票价方案、收费体系，以及与票务相关的管理制度等。城市轨道交通票价的制定要根据运营成本、其他交通方式票价水平、城市经济发展和市民生活水平等因素综合考虑。

5. 信息化管理

城市轨道交通的车辆、通信、信号、票务等系统均有各自独立的计算机控制和管理系统。建立有效的网络信息系统，开发和利用网络信息资源，充分发挥各自系统的优点，有利于相关部门更好地进行管理，从而为城市轨道交通带来一定的经济效益。

项目 1

城市轨道交通客运管理

>>>>>>>

城市轨道交通的最终目标是为乘客提供安全、准时、舒适、快捷的运输服务，而实现这个目标最有效的手段之一就是采取合理的客运管理。客运管理是为合理预估乘客数量，组织乘客按照预定的路线有序、安全地旅行，进而完成乘客运输任务所采取的措施。它不仅反映了城市轨道交通系统的管理水平，还向乘客展示了城市的文明程度。

班级_____   姓名_____   学号_____

项目工单

请根据以下工单来学习本项目的内容，并总结自己的学习成果。

课程预习	☐	学习城市轨道交通客流的分布特点
	☐	学习城市轨道交通客流预测方法
	☐	学习城市轨道交通常用的客流组织方法
	☐	学习城市轨道交通客运服务的基本要求和流程

知识学习	☐	有效对城市轨道交通客流进行分类
	☐	了解不同的城市轨道交通客流预测模式
	☐	掌握四阶段客流预测方法
	☐	掌握换乘客流组织的方法
	☐	掌握大客流组织的措施
	☐	掌握客运服务的要求及特点
	☐	掌握处理乘客投诉的技巧

素质提升	☐	形成基本的数理统计思维
	☐	树立以乘客为本、为乘客服务的意识
	☐	具备科学收集资料、客观分析问题的能力

技能测评	☐	能正确使用与城市轨道交通客流有关的术语
	☐	能选择合适的客流预测方法对城市轨道交通客流进行预测
	☐	能根据城市轨道交通客流数据分析客流特点
	☐	能够有序组织常见情况下的城市轨道交通客流
	☐	能够在实际工作中熟练运用客运服务技巧，有效避免乘客投诉
	☐	能正确分析投诉案例，掌握乘客投诉的处理技巧

任务 1.1　城市轨道交通客流调查分析

任务引入

　　小李是一名城市轨道交通运营管理专业的学生，他的毕业论文选题是关于城市轨道交通客流调查分析的，他在进行毕业设计的过程中遇到了很多问题，总是无法得出合理的分析结果。他在向相关老师求助后发现，导致上述问题的原因是他使用了不适当的客流调查分析方法。于是，小李在查阅相关资料，改进客流分析方法后，顺利解决了之前遇到的问题。那么，应该如何对城市轨道交通的客流进行调查分析呢？

知识准备

1.1.1　客流的概述

1. 客流的分类

　　客流是指在单位时间内，城市轨道交通线路上乘客流量、流向和旅行距离的总称。它不但能表明乘客的数量及其在空间上的位移，还能表明这种位移的起讫位置。客流会随天气、时间、地点的变化而变化，这种变化是乘客生活方式、社会经济活动等在城市轨道交通系统中的反映。

1）根据客流的来源分类

根据客流来源的不同，客流可分为基本客流、转移客流和诱增客流。

基本客流：城市轨道交通既有客流与按正常增长率增加的客流之和。

转移客流：城市轨道交通从公交车、自行车、私家车等出行方式中吸引来的客流。

诱增客流：城市轨道交通的投入运营，带动沿线区域发展成为住宅区、商业区，由此诱发的新增客流。

2）根据客流数据的获取方式分类

根据客流数据的获取方式，客流可分为实际客流和预测客流。

实际客流：通过城市轨道交通售检票设备计算得出的客流。

预测客流：通过实际客流并结合影响客流的因素预测出的未来时段的客流。

3）根据客流的时间分布特征分类

根据客流时间分布特征的不同，客流可分为全日客流、全日分时客流和高峰小时客流。

全日客流：城市轨道交通线路全天的客流。

全日分时客流：城市轨道交通线路全天各小时的客流。

高峰小时客流：城市轨道交通线路客流量最大的一小时的客流。

提　示

城市轨道交通的高峰时间是指一天中客流量最大的时段，通常为 6:00—9:00；而高峰小时则为高峰时间中客流量最大的一小时。

2. 客流的相关术语

1）断面客流量

断面客流量是指在单位时间内（如全日或一小时），通过线路中某一区间的客流量。断面客流量一般分为上行断面客流量和下行断面客流量，其计算公式为

$$p_{i+1} = p_i - p_下 + p_上$$

式中：

p_{i+1}——第 $i+1$ 个断面的客流量（人次）；

p_i ——第 i 个断面的客流量（人次）；

$p_下$ ——在第 i 个车站下车的人数（人次）；

$p_上$ ——在第 i 个车站上车的人数（人次）。

提　示

客流量是对客流"流量"属性的量度。

2）最大断面客流量

最大断面客流量是指单位时间内，所有断面客流量的峰值。值得注意的是，城市轨道交通线路上行、下行方向的最大断面客流量一般不在同一断面上。

3）高峰小时最大断面客流量

高峰小时最大断面客流量是指高峰小时的，最大客流断面的客流量。城市轨道交通的高峰时间一般出现在早晨和傍晚，分别称为早高峰时间和晚高峰时间。

4）车站客流量

车站客流量是指在城市轨道交通车站上下车和换乘的客流量。车站客流量包括全日客

流量、高峰小时客流量和超高峰期客流量等，其中超高峰期是指在高峰小时内存在的一个15～20 分钟的上下车客流特别集中的时段。

1.1.2 客流的预测

1. 客流预测的目的和意义

1）客流预测的目的

客流预测就是在各种客流调查和客流统计的基础上，对未来的客流情况进行全面、系统的研究和分析，是从现在研究未来，从已知研究未知。相关工作人员通过对许多客流影响因素进行分析，对未来的客流趋势做出科学的估计，从而减少城市轨道交通未来发展的不确定性和盲目性，以增强对未来的预见性和适应能力。

2）客流预测的意义

（1）客流预测可为城市轨道交通运营单位预测未来的客流量和客运工作量。

（2）科学的客流预测是制订决策的基石，也是制订线网规划的依据。

（3）客流预测是城市轨道交通运营单位编制运营计划的重要基础工作。

对于城市轨道交通的运营来说，若客流预测结果远大于实际客流量，可能会导致运营收入难以覆盖运营成本和维修成本，致使运营单位亏损；若客流预测结果远小于实际客流量，则会导致城市轨道交通拥挤，相关设备超量负载，难以保障服务质量。客流预测是城市轨道交通建设必要性、规模选择、经济效益分析和各项专业设计的基础和前提，因此应以严谨、科学的态度对城市轨道交通客流进行预测和分析。

案例分析

2021 年 1 月 21 日，珠海城市轨道交通有限公司发布消息称，珠海有轨电车 1 号线自 1 月 22 日起停运。在随后召开的珠海两会上，三位政协委员联名建议，早日拆除珠海有轨电车 1 号线。政协委员表示，珠海有轨电车 1 号线自 2017 年开通以来利用率较低，不但没有发挥应有作用，还抢占了车道，影响了交通的正常运行。此外，它的维护成本较高，造成了人力、物力的浪费，拆除或许是更加理性的选择。

据悉，珠海有轨电车 1 号线全长 8.9 千米，总投资 26 亿元。在线路的规划阶段，相关工作人员预测该线路的客流量约为每日每千米 7 700 人次，开通后不但能增加财政收入，还能促进沿线经济发展。但实际运营情况却不尽如人意，资料显示，珠海有轨电车 1 号线在开通后的客流量为每日每千米 372 人次，不到预测客流量的 5%。客流量较少直接导致了运营收入的减少，在运营的三年中，珠海有轨电车 1 号线的票款实际收入合计仅约 387 万元。

由于该有轨电车线路的收入较低，不足以负担其维护费用及折损费用，珠海市政府每年都要对该线路提供财政补助。据不完全统计，2017 年至 2020 年运营期间，珠海有轨电车 1 号线收到的财政补贴拨款超过 1.7 亿元。

以上事件表明，客流预测失误的影响巨大，不但会导致城市轨道交通线路影响其他交通线网，还可能会造成巨额的经济损失，因此相关工作人员要仔细、严谨地分析影响客流的因素，争取提供相对准确的客流预测数据。

（资料来源：https://www.thepaper.cn/newsDetail_forward_12173617）

2. 客流预测的模式

客流预测的模式主要有非基于出行分布的客流预测模式、基于出行分布的客流预测模式和三次吸引客流预测模式。

1）非基于出行分布的客流预测模式

非基于出行分布的客流预测模式是将相关公交线路和自行车出行的现状客流向城市轨道交通线路转移，得到虚拟的城市轨道交通基年客流；然后根据相关公交线路的客流增长规律确定城市轨道交通客流的增长率，并据此推算城市轨道交通的远期客流。北京地铁 1 号线东段线路、上海南站至上海火车站地铁线路的客流预测都采用了这种客流预测模式。

非基于出行分布的客流预测模式能较好地反映近期客流的增长情况，但由于未考虑土地利用规划等客流影响因素，所得到的远期客流预测结果的精度较低，并且在预见未来出行分布变化方面的可靠性较差。由于该客流预测模式操作简单，常用于其他模式预测后的比较验证，或作为定性分析的辅助手段。

2）基于出行分布的客流预测模式

基于出行分布的客流预测模式是以市民出行交通起讫点调查（以下简称 OD 调查）为基础，得到现状全方式出行的客流分布，并以此预测、规划年度全方式出行的客流分布，然后通过出行方式划分得到城市轨道交通的站间 OD 客流。

这种客流预测模式包括出行生成、出行分布、出行方式划分与出行分配四个阶段，因此又称为四阶段客流预测模式（见图 1-1），它是目前应用非常广泛的一种预测模式。上海地铁 3 号线、南京地铁南北线一期工程的客流预测均采用了这种客流预测模式。

图 1-1　四阶段客流预测模式

四阶段客流预测模式以现状 OD 调查为基础，结合未来城市发展及土地利用规划来预测客流，因此客流预测结果的精度较高。但该客流预测模式对于基础数据的要求较高，且操作复杂。

3）三次吸引客流预测模式

三次吸引客流预测模式是先确定一个城市轨道交通车站对客流的吸引范围，然后通过分析车站吸引范围内的土地利用性质，以及确定合理步行区与接运交通区，来预测通过步行、自行车和常规公交三种方式到站乘车的人次，它们分别称为一次吸引客流、二次吸引客流和三次吸引客流。利用这种客流预测模式的预测结果可进一步推算线路的断面客流量。西安城市轨道交通可行性研究项目就采用了这种客流预测模式。

> **提　示**
>
> 　　这里的吸引范围是指一个以车站为圆心，以合理的到达车站时间或到达车站距离为半径的圆形区域。

3．客流预测的方法

常见客流预测的方法为四阶段客流预测，它的具体预测过程如下。

1）出行生成阶段

出行生成阶段的工作是预测每个交通小区的出行生成量和出行吸引量，即根据土地利用规划，把交通规划的区域划分成许多交通小区，然后在已知各交通小区的居住人口数、就业岗位数、家庭人口数、家庭收入和私人交通工具拥有数量等数据的基础上，用统计学方法预测出各交通小区的出行生成量和出行吸引量。

2）出行分布阶段

出行分布阶段的工作是预测各交通小区出行生成量的去向和出行吸引量的来源，即各交通小区出行生成量和出行吸引量的分布情况。出行分布可用 OD 矩阵表示，如表 1-1 所示。

表 1-1　出行分布 OD 矩阵表

OD	1	2	...	j	...	n	合计
1	T_{11}	T_{12}	...	T_{1j}	...	T_{1n}	O_1
2	T_{21}	T_{22}	...	T_{2j}	...	T_{2n}	O_2
...	...	...	...	...	...	...	...
i	T_{i1}	T_{i2}	...	T_{ij}	...	T_{in}	O_i
...	...	...	...	...	...	...	...
n	T_{n1}	T_{n2}	...	T_{nj}	...	T_{nn}	O_n
合计	D_1	D_2	...	D_j	...	D_n	T

注：（1）T_{ij} 表示从第 i 个交通小区出发到达第 j 个交通小区的客流量；

（2）O_i 表示从第 i 个交通小区出发的所有客流量，D_j 表示到达第 j 个交通小区的所有客流量。

3）出行方式划分阶段

出行方式划分阶段的工作是确定城市轨道交通、常规公交、自行车、步行、出租车和私家车等各种出行方式承担的交通小区间的 OD 出行量的比例。出行方式划分的基本思路为：先预测出行者对各种出行方式的选择率，然后用选择率乘以交通小区的出行生成量、出行吸引量或者交通小区间的 OD 出行量，从而得到各种出行方式的运量分担比例。

提　示

影响出行方式选择的因素主要有以下几个。

（1）出行者的特性，如年龄、职业、收入水平、居住位置、私人交通工具拥有状况等。

（2）出行的特性，如出行目的、出行距离、出行时间限制、出行时段、对舒适与安全的考虑等。

（3）交通系统的特性，如票价、运输时间、运输能力、停车设施、服务水平（准时、安全、舒适、便利）等。

4）出行分配阶段

出行分配阶段的工作是将 OD 出行量按一定的规则分配到交通网中的各条线路上。城市轨道交通网中的某个 OD 间通常会有若干条线路，并且各个 OD 间的线路存在部分路段重叠的情形。当 OD 出行量较小时，可按最短路径进行出行分配；但当 OD 出行量较大时，若仍按最短路径分配，就会出现因部分线路或路段的能力限制而导致的交通拥挤现象。

1.1.3　客流的调查分析

在城市轨道交通系统的运营过程中，实时跟踪监测客流变化并对客流进行系统分析，有助于相关部门掌握客流变化规律，并以此为依据进行城市轨道交通系统的客运组织和行车组织等工作。

1.　客流调查

通过客流调查可以掌握客流的现状和客流的变化规律，它是城市轨道交通日常运营工作的组成部分。客流调查涉及调查内容的选取、调查时间和地点的确定、调查资料的汇总整理等工作。

1）客流调查的种类

常见的城市轨道交通客流调查有全面客流调查、乘客情况抽样调查、断面客流调查等，相关部门可以根据不同的情况和不同的需要选择不同的客流调查种类。

（1）全面客流调查。

全面客流调查是指对全线客流进行综合调查。相关工作人员通过此类客流调查对客流资料进行系统的整理、统计和分析后，可以对客流现状及其变化规律有全面、清晰的了解。全面客流调查花费的时间长、工作量大，需要大量调查人员参与。

全面客流调查一般包括站点调查和随车调查两种方式。站点调查就是在运营时间内，在车站检票口对所有进出站的乘客进行调查。随车调查就是在运营时间内，在列车车门处对所有上下车的乘客进行调查。城市轨道交通的全面客流调查一般采用站点调查。

（2）乘客情况抽样调查。

乘客情况抽样调查是指以调查问卷的形式对乘客进行抽样调查，这种方式可以减少客流调查的人力、物力和时间。乘客情况抽样调查的内容主要包含乘客构成情况和乘客乘车情况两方面。乘客构成情况抽样调查通常在车站中进行，调查内容包括年龄、性别、职业、常住地和出行目的等，调查时间可选择客流量较正常的运营时段；乘客乘车情况抽样调查一般在特定地点进行，调查内容包括乘车频率、到站时间和方式、对现行票价的认同度等。

（3）断面客流调查。

断面客流调查是指对一个或多个断面的客流进行抽样调查。断面客流调查是经常使用的客流调查方式，一般用来调查最大客流断面，相关工作人员可采用直接观察法来分辨出城市轨道交通线路的最大客流断面。

2）客流调查的统计指标

当客流调查结束后，相关工作人员需对客流调查结果进行汇总整理。在整理时，需计算各项统计指标，并将它们与预测数据或历年调查数据进行比较，汇总成图表，以便后续分析数据变化的幅度及原因。常见的统计指标有以下几个。

车站客流量：包括分时与全日的各站上下车客流量及换乘客流量、各站高峰小时客流量、各站全日客流量等。

断面客流量：包括分时与全日各断面客流量、分时与全日最大断面客流量、高峰小时最大断面客流量等。

乘坐站数与平均距离：包括本线客流乘坐站数的客流量及其所占百分比、跨线客流乘坐站数的客流量及其所占百分比，以及乘客的平均乘车距离。

客流构成：包括全线不同票种的客流量及其所占百分比。

车辆运用：包括列车公里数、乘客密度、列车满载率和断面满载率等。

2. 客流分析

一般来说，客流会在时间与空间上呈现一定的分布特征，而客流分析的重点就是分析这些客流分布特征及客流变化规律。下面我们就来简单分析以下几种常见的客流分布特征。

1）客流的时间分布特征

（1）全日分时客流分布特征。

城市轨道交通的全日分时客流会随着人们的生活节奏和出行目的变化而变化。通常，全日分时客流分布呈现双峰型，即客流量从早晨开始增加，上班和上学时段达到第一个高峰，午间减少，下班和放学时段达到第二个高峰，进入夜间又逐渐减少，如图 1-2 所示。

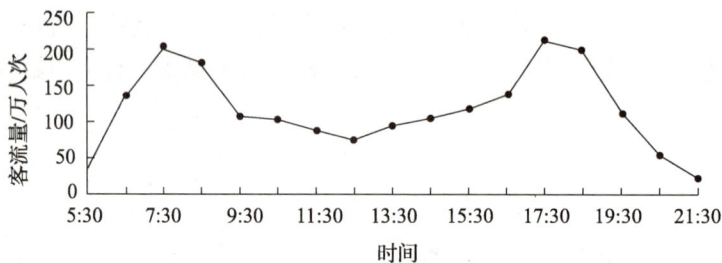

图 1-2　某城市轨道交通路线全日分时客流分布图

单向分时客流不均衡系数可用来表示城市轨道交通线路单向分时客流的不均衡程度，其计算公式为

$$\alpha_1 = \frac{p_{max}}{\sum\limits_{i=1}^{H} \dfrac{p_i}{H}}$$

式中：

α_1 ——单向分时客流不均衡系数；

p_{max} ——单向高峰小时最大断面客流量（人次）；

p_i ——单向分时最大断面客流量（人次）；

H ——全日营业小时数（个）。

扫一扫

2020 年各城市全日客量流变化

单向分时客流不均衡系数 α_1 恒大于 1。α_1 越大，表示单向分时客流越不均衡。当 α_1 趋近于 1 时，表示分时客流分布比较均衡；当 $\alpha_1 \geqslant 2$ 时，表示分时客流不均衡程度较大。位于市区范围内的城市轨道交通线路的 α_1 通常为 2 左右；而通往远郊的城市轨道交通线路的 α_1 通常大于 3。

🎓 知识拓展

为了实现运营计划的经济合理性，对于全日分时客流不均衡程度较大的情况，相关部门可考虑在客流高峰时间采取小编组、高密度列车运行方案，适当增加开行列车数，而在非客流高峰时间则减少开行列车数。

（2）一周内全日客流分布特征。

城市轨道交通一周内全日客流随着人们的生活周期而循环变化。通常，在以通勤和通学乘客为主的线路上，周一到周五的客流量较高，周六日的客流量明显低于工作日，如图 1-3 所示。而在连接商业网点、旅游景点的城市轨道交通线路上，周六日的客流会较工作日的有所增加。

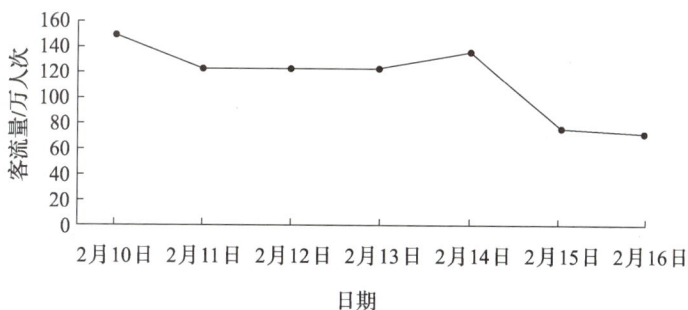

图 1-3　某城市轨道交通路线一周内全日客流分布图

🎓 知识拓展

为了保证运营组织的经济合理性，根据一周内全日客流的变化规律，城市轨道交通相关部门常在一周内实行不同的全日行车计划和列车运行图，以适应不同的客运需求。例如，为了运输早晚高峰巨大的客流，北京地铁 9 号线在工作日早晚高峰的行车间隔缩短为 1 分 45 秒；而周末客流较少时，则设置行车间隔为 9 分钟。

（3）短期性或季节性客流分布特征。

除了生活节奏和生活周期外，人们的出行还与节假日和季节变化有关。通常在法定节假日期间客流量会呈现明显变化。例如，在劳动节、国庆节期间（春秋季），客流量会明显增大；在春节期间（冬季），客流量会明显减小。除此之外，天气骤然变化、举办大型活动等也会导致短期性的客流激增。

对于上述客流变化，相关部门可编制分号列车运行图来缓解运输能力紧张的情况，或对某些作业组织环节、设备运行方案进行调整，以适应客运需求。

2）客流的空间分布特征

（1）各条线路客流分布特征。

由于城市各地区的发展程度不同及各线路分布的位置不同，因此各线路的客流量及其分布规律也不同。通常，附近商圈或居民区多的线路客流量较大，专线客流量较小。如图 1-4 所示为某工作日北京地铁各条线路的客流分布图，其中北京地铁 10 号线由于途径多个商圈和商务区，是北京地铁最繁忙的线路，在工作日客流量最大，达到 150 万人次；而首都机场线是机场专线，客流量最小，为 1 万人次左右。

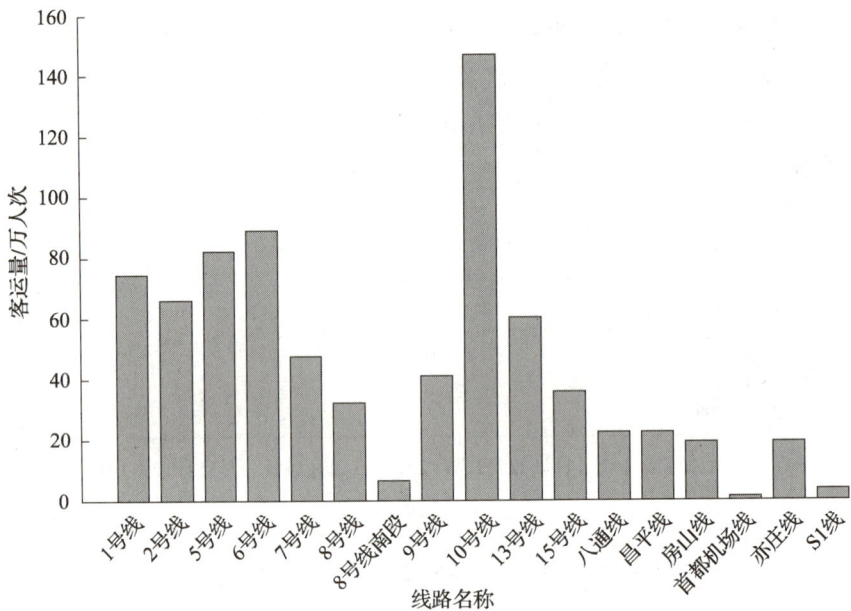

图 1-4　某工作日北京地铁各线路客流分布图

（2）上下行方向客流分布特征。

根据客流的流向，同一线路上下行方向在同一时段内的客流分布特征可分为双向型和单向型。双向型是指上下行最大断面客流量接近，通常市区内的线路多为双向型；单向型是指上下行最大断面客流量相差较大，通常郊区或工业区内的线路多为单向型。单向型线路最大断面客流量的不均衡性在早、晚高峰表现得尤为明显。如图 1-5 所示，上行线路的断面客流量主要集中在中间站点，下行线路的断面客流量主要集中在两端站点。

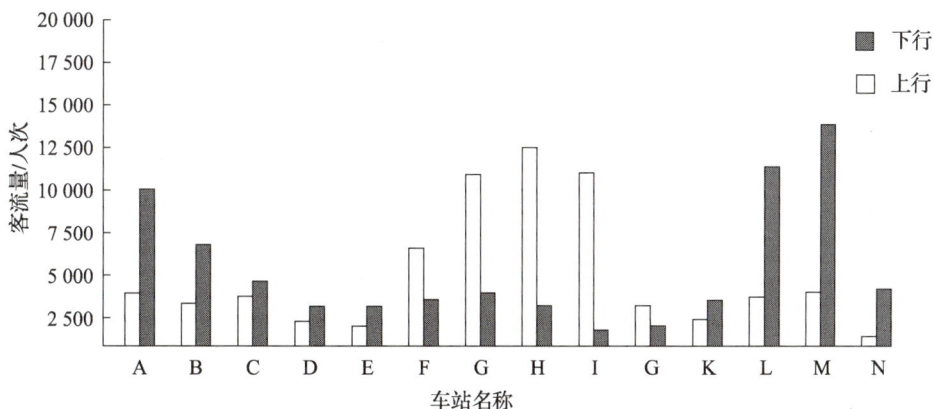

图 1-5　某城市轨道交通线路早高峰小时断面客流量

上下行方向客流不均衡系数可用来表示城市轨道交通线路上下行方向客流不均衡程度，其计算公式为

$$\alpha_2 = \frac{\max\{p_{\max}^{\text{上}},\ p_{\max}^{\text{下}}\}}{0.5(p_{\max}^{\text{上}} + p_{\max}^{\text{下}})}$$

式中：

α_2 ——上下行方向客流不均衡系数；

$p_{\max}^{\text{上}}$ ——上行最大断面客流量（人次）；

$p_{\max}^{\text{下}}$ ——下行最大断面客流量（人次）。

上下行方向客流不均衡系数 α_2 恒大于 1。α_2 越大，表示上下行方向客流越不均衡。当 α_2 趋近于 1 时，表示上下行方向客流分布较均衡；当 $\alpha_2 \geqslant 1.5$ 时，表示上下行方向客流不均衡程度较大。一般线路的上下行方向不均衡系数为 1.1～1.2，工业区内线路的上下行方向不均衡系数为 1.4～1.5。

当 α_2 较大时，线路的运营会无法避免地产生断面客流量较小方向的运能闲置，导致运力无法被经济合理地配置。

（3）线路断面客流分布特征。

由于线路行经的区域不同，各个车站所覆盖的客流集散点的规模和数量也不同，因而每个车站的乘降人数不同，导致线路单向各个断面的客流量存在不均衡现象。通常线路断面客流分布特征有阶梯形和凸字形两种情况，前者是指线路单向各个断面的客流量整体上呈"一头大，一头小"，后者是指线路单向各个断面的客流量整体上呈"中间大，两头小"。如图 1-6 所示，在下行方向上，断面客流的分布呈现阶梯形，而在上行方向上，断面客流的分布呈凸字形。

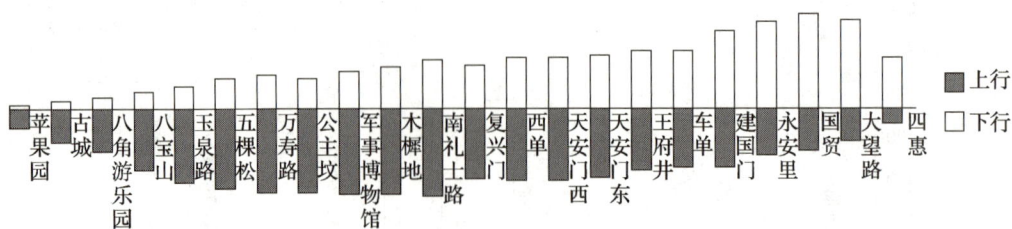

图 1-6　北京地铁 1 号线的线路断面客流分布

单向断面客流不均衡系数可用来表示城市轨道交通线路单向各个断面客流的不均衡程度，其计算公式为

$$\alpha_3 = \frac{p_{max}}{\sum\limits_{j=1}^{K} \dfrac{p_j}{K}}$$

式中：

α_3 ——单向断面客流不均衡系数；

p_{max} ——单向最大断面客流量（人次）；

p_j ——单向断面客流量（人次）；

K ——单向线路断面数（个）。

单向断面客流不均衡系数 α_3 恒大于 1。当 α_3 趋近于 1 时，单向断面客流分布较均衡；α_3 越大，单向断面客流越不均衡。

当 α_3 达到 1.5 甚至更大时，相关部门通常会在客流量较大的区段加开区间列车来缓解运输压力，但是加开区间列车会对运营组织提出更高的要求，同时还要考虑线路的通过能力及车站的折返能力。

（4）各车站客流分布特征。

城市轨道交通线路上各车站的客流一般是不均衡的，甚至个别线路的客流往往集中在少数几个车站。通常，新居民住宅区的形成规模、新线路的投入运营、列车共线运营，以及线路延伸导致某些终点站变为中间站等，都会影响各车站的客流分布，加剧各车站客流分布的不均衡性。

相关部门可根据各车站客流分布的不均衡性为各车站估算客运工作量，配置相应的设备，配备相关工作人员，以及制订日常运营管理内容。

任 务 实 施

分析客流分布特征

任务描述

通过选择合适的角度对某市某城市轨道交通线路的客流量进行分析，从而得出该城市轨道交通线路客流的特征。

任务目标

掌握常见的客流分布特征，并能够从所给的客流数据中分析出该客流的分布特征。

任务内容

如图 1-7 所示为某市地铁 1 号线工作日及休息日的客流波动图，请以小组为单位，利用本任务所学的相关知识来分析该城市地铁 1 号线工作日与休息日的客流分布情况，并派代表阐述本组的分析结果。

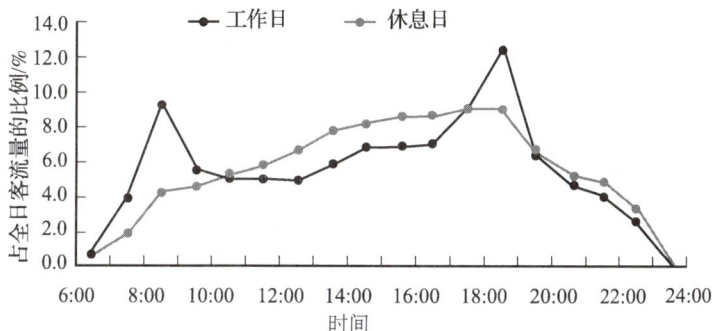

图 1-7　某市地铁 1 号线工作日及休息日的客流波动图

任务自测

完成以上任务后，请回答以下问题。

（1）图 1-7 体现了客流的哪些分布特征？

（2）根据图中所显示的数据，请计算出该线路的不均衡系数 α_1、α_2、α_3，并判断客流的不均衡程度。

任务 1.2　城市轨道交通客运组织

任务引入

在"五一"劳动节等节假日，城市轨道交通的客流量都会急剧增加。

例如，2019 年广州地铁在"五一"期间的日均客流量约为 940.6 万人次，4 天连假的总客流量超过 3 762 万人次。为保障节日期间站内客流安全有序，广州地铁多个站点及时采取客流控制措施，如重点换乘站在节前一天晚高峰时间就开始执行高峰客流控制，并在节日期间采取线网联控等措施。此外，为进一步缓解地铁客流压力，地铁相关部门积极与公交集团沟通，在客流特别密集的站点开行"如约巴士"，"五一"期间共发车243班次，疏导乘客14 780人次。

同时，各线路加大运力组织行车，加派相关工作人员疏导客流，加强设备的巡检、维护与检修，确保发生突发事件时有充足的技术保障能尽快解决问题，保障运营安全。

通过以上事例，你能学到哪些控制大客流的措施？

🚄 知 识 准 备

1.2.1　客运组织概述

总的来说，客运组织就是通过合理地布置与客运有关的设备、设施，以及对客流采取有效的分流、引导措施，来组织客流运输的工作。

1. 客运组织的基本内容

城市轨道交通客运组织的主要内容包括车站售检票位置、车站导向系统、车站自动扶梯和隔离栏杆等设施的设置，车站相关设备的配置，相关工作人员的配备及相应应急措施的制订等。

2. 客运组织的特点

（1）客运组织服务的对象是市内交通乘客，不办理行李、包裹托运服务。
（2）全日客流在时间分布上有较为明显的高峰（一般为早晚高峰）和低谷之分。
（3）全年客流在不同季节、节假日有较大起伏。
（4）服务对象较为广泛，包括各地、各阶层和各种职业的固定居民和流动人口。

3. 客运组织的宗旨

城市轨道交通与其他城市交通相比有速度快、运量大、安全性高、正点率高、服务优、污染少的优点。想要发挥好这些优点，就必须做好客运组织工作。为乘客提供安全、准时、迅速、便利、优质的服务是城市轨道交通客运组织的宗旨。

1）安全

安全是城市轨道交通运营管理中不可忽视的问题，也是乘客的基本需求和首要衡量标准。运营安全不但反映了城市轨道交通运营管理水平和运输服务质量，而且是城市轨道交通系统实现顺畅、高效运营的前提。运营安全是每个城市轨道交通运营单位所追求的目标，也是满足乘客需求、获得良好社会和经济效益的根本保证。

2）准时

城市轨道交通运营单位根据行车组织、设备维护，以及客流情况编制列车运行时刻表，相关部门应严格遵照该时刻表执行，通过准时发车、及时报站、准时到站，来实现城市轨道交通准时的宗旨，满足乘客准时到达目的地的需求。如图 1-8 所示为站台上供乘客了解列车到达时间等信息。

图 1-8　徐州地铁 1 号线上设置的列车信息显示器

3）迅速

在城市生活节奏越来越快的时代，是否能够迅速出行、到达，成为乘客选择交通工具的重要考虑指标。城市轨道交通的迅速性主要通过出行时耗、列车运行速度等指标来反映。

出行时耗是乘客从起点到终点的总耗时，即乘客的旅行时间，它包括车内时间和车外时间。车内时间主要由列车运行速度决定；车外时间包括到站台的时间、候车时间、换乘时间等，它主要与线网布设、换乘方便性等因素有关。目前城市轨道交通运营单位主要通过提高列车运行速度、缩短行车间隔、合理规划线网等手段来缩短乘客出行时耗。例如，北京地铁郊区线路的列车运行速度最快可达 100～120 千米/小时，最短行车间隔为 1 分 45 秒。

4）便利

城市轨道交通的便利性主要体现在：行车间隔较短，可缩短乘客候车时间；购票、检票、进出站环节便于操作；完善的电梯设备，如无障碍电梯可保证残疾乘客顺利乘车；合理的线网布局、站点设置可满足乘客的出行要求。

5）优质

城市轨道交通的优质服务主要体现在干净、整洁的车站环境，适宜的车内温度和湿度，平稳的列车运行状态，以及低噪声等方面。这能极大地提升乘客的乘车体验。

4. 客运组织的基本要求

客运组织的基本要求主要包含站容站貌干净整洁、导向标识清晰完备、服务态度热情周到、对规章制度严格执行、对客流变化了如指掌和部门之间紧密配合几个方面。

1) 站容站貌干净整洁

车站内外应干净整洁，无杂物；各种设施，如门、窗、出入口飞顶等，应齐全、明净；各种设备应摆放整齐、有序、无积尘；站厅、通道及出入口的墙壁应保持光洁；地面无痰渍和脏物；厕所清洁、卫生。对于建在地下的车站，应时刻保持照明充足、温度适宜。如图1-9所示为地铁济南西站干净整洁、设施完善的站厅。

图1-9　地铁济南西站的站厅

2) 导向标识清晰完备

车站出入口应有站名标记，车站内应有出入口、检票口、站台、客服中心、卫生间、列车运行方向、换乘和商铺等的指引标识。如图1-10所示为地铁北京西站的站内换乘标识。由于地铁北京西站客流量较大，于是该站重新设计了站内换乘标识，从而使换乘路径更加直观，乘客抬头、低头都可以看到清晰的线路方向和换乘信息。

此外，在车站出入口外还应设置导向标识，用来指引乘客换乘地面公交线路。

图1-10　地铁北京西站的站内换乘标识

3）服务态度热情周到

相关工作人员应遵守职业道德，执行职务时，要文明礼貌、仪表整洁、按规定着装，并佩戴标识（见图 1-11），主动热情地为乘客服务，耐心、正确地回答乘客提出的询问，帮助乘客解决疑难问题。同时各站点还应经常收集整理乘客意见，及时改进工作，提高客运服务质量。

图 1-11 服务中的地铁工作人员

4）对规章制度严格执行

相关工作人员应严格执行作业规章制度，按照标准化作业程序及要求进行作业，服从命令、听从指挥。处理乘客相关事务时要及时迅速，并做到公平、公正。

5）对客流变化了如指掌

车站要经常进行客流调查分析，积累客流资料，掌握不同时期的客流变化规律，及时有效地调整客流组织方案，确保乘客运输安全、平稳、有序地进行。

6）部门之间紧密配合

相关工作人员应随时与行车值班员、列车司机、公安人员、保安、保洁等加强联系，密切配合，协同工作，确保车站正常运营和乘客安全。

课堂讨论

"人进去，相片出来；饼干进去，面粉出来。"这是人们对北京地铁早晚高峰拥挤程度的无奈调侃。为了改变这种情况，提升乘客的乘车体验并满足乘客的出行需求，北京地铁在短短几年中，从只有 1 号线、环线两条线发展到 24 条，总里程提升至 727 千米。截至目前，北京地铁日均客流量已超过 1 000 万人次。为了输送巨大的客流，北京地铁早晚高峰列车的行车间隔都在 2.5 分钟以内，停站开关门的时间均以秒计。不仅是北京，国内许多一线城市的城市轨道交通也要面对巨大的客流。

请同学们讨论一下，面对如此大的客流，如何才能保证每位乘客安全出行？对于客运组织工作应该如何做到优质、高效？

1.2.2 组织换乘客流

换乘是指乘客在不同线路之间，在不离开车站付费区及不另行购买车票的情况下，进行跨线乘坐列车的行为。换乘客流占城市轨道交通客流中的绝大部分，因此换乘客流的组织工作是客运组织工作的重中之重。

1. 组织换乘客流的原则

（1）科学合理地设计标识引导乘客流向，尽量减少客流在站台、楼梯、大厅、换乘通道等处的交叉和对流；利用标识及人工引导并用的方式提醒乘客在楼梯和换乘通道中靠右行走，避免产生拥挤。

（2）在客流容易混行的区域，如大厅和楼梯等处，需设置必要的安全线或栅栏进行隔离，以免流向不同的乘客相互干扰。

（3）经常调查分析客流，随时掌握客流变化规律，关注恶劣天气或者节假日期间的客流变化；随时监视客流的骤变，同时密切关注乘客的安全情况。

（4）尽力为乘客提供方便，减少进出站、换乘时间和换乘距离。

（5）配备站内空气、温度调节设备，并设置无障碍通道。

（6）建立一套完善的突发事件应急指挥系统，对突发事件进行统一调度、统一安排、统一指挥。

2. 组织换乘客流的方法

1）物理切割法

物理切割法是指将换乘通道中的客流以出行方向划分开，保证乘客有序换乘。例如，北京地铁西直门站是北京地铁2号线、4号线、13号线的换乘站，该站日均客流量可达40多万人次，如图1-12所示。由于换乘客流巨大、换乘设备能力不足、换乘路径过长等多种原因，致使西直门站一直处于超饱和运营的状态，如何合理地规划乘客流向成了该站工作人员面临的一个大问题。通过多次尝试，工作人员将由北京地铁2号、4号线换乘至13号线的乘客引流至两侧扶梯，由扶梯向上运输乘客，将由13号线换乘至2号、4号线的乘客引流至中间下行楼梯。同时，考虑到带有大件行李的乘客走楼梯不方便，车站还特意将之前4个全部上行的扶梯设置为3个上行一个下行。这大大减少了乘客的换乘时间，为乘客提供了便捷的换乘路径。

图 1-12　北京地铁西直门站换乘客流

2）提高流速法

在乘客搭乘扶梯、通过换乘通道时，车站可通过设置标识引导、人工引导、广播引导的混合方式，引导乘客快速通行，避免客流拥堵，从而提高换乘客流的流速。

3）源头控制法

源头控制法主要包含列车控制及乘客控制两种方法。列车控制是指工作人员通过协调组织各线换乘站的运营计划，避免因不同方向的列车同时达到，而使换乘客流发生拥堵；乘客控制是指工作人员通过控制各条线路的流量，杜绝乘客密集到达。例如，同一站台上下行列车交替到达就是常见的列车控制；在出入口对进站乘客实施限流就是常见的乘客控制。如图 1-13 所示为北京地铁新宫站的出入口，在早高峰时间，该车站采取关闭进站扶梯，引导所有进站乘客走楼梯的方式减缓进站客流，从而从源头控制进站乘客。

图 1-13　北京地铁新宫站的出入口

4）布局优化法

工作人员可对车站中的设备进行布局优化，从而为乘客节约进站时间，减少其在车站中的停留时间，以达到疏散客流的目的。对车站中设备的布局优化主要从以下几个方面入手。

（1）合理安排自动售票机及客服中心的位置。

（2）保持售检票机前空间宽敞，并与安全通道、楼梯间保持一段距离，防止乘客聚集造成拥堵。

（3）设置专门的售检票设施及安检绿色通道，将行动不便的乘客与其他客流分离开，以保证换乘客流有序、高效流动。

1.2.3　组织大客流

大客流是指在某一时段集中到达车站，且客流量超出车站正常客运设备或客运组织措施承运能力的客流。恶劣天气、自然灾害、节假日、大型活动等都会造成城市轨道交通车站客流突发性地增加。大客流往往是难以预测的，因此，为了在保证乘客安全的前提下尽快疏散客流，各车站应根据本站具体情况建立切实可行的大客流控制预案，合理安排各岗位的具体工作，迅速缓解车站压力，避免意外发生。

1. 组织大客流的原则

（1）"由下至上，由内至外"原则。在车站出入口、进站闸机、站厅与站台的楼梯和自动扶梯处，重点控制进站客流、组织乘客上车，保证客流均匀上下扶梯和尽快上下列车，并保证站台候车乘客的安全。

（2）明确客流控制组织机构的分工原则。客流控制组织机构可分为线控和点控两部分。控制指挥中心负责地铁全线的客流控制（线控），车站站长或值班站长负责本站的客流控制。

（3）"集中领导，统一指挥"原则。在实施大客流控制之前，车站须向运营控制中心进行报告，由运营控制中心进行统一指挥。

2. 组织大客流的措施

1）增加列车运能

根据客流预测得出的大客流发生的车站、时间、方向等信息，工作人员可以提前编制针对大客流的列车运行图，加开临时列车，以提高大客流的疏散效率。在大客流高峰时间，还可以缩短大站之间的行车间隔。

2）提高售检票能力

售检票能力不足是大客流疏散的主要障碍，车站在设置售检票位置时应预留好疏散大客流的通道。当可预见大客流发生时，应事先做好相应的票务准备工作：首先是对售检票设备的准备，设备维护人员应事先对车站全部售检票设备进行维护、检查，确保在大客流发生时售检票设备能正常使用；其次是对车票和零钞的准备，车站应根据预测客流和以往大客流所消耗的车票及零钞数，在大客流发生前，向票务部门申领和储备充足的车票和零钞。

3）提前进行人员布置

车站应提前组织好充足的引导人员和应急人员，并对引导人员和应急人员进行服务、安全及票务方面的培训和跟岗学习，以便在大客流发生时，这些引导人员和应急人员可以熟练地进行客流疏导。

扫一扫

大客流限流措施

4）科学控制客流

遇大客流时，车站可以采用三级客流控制法，即站台客流控制、站厅付费区客流控制、出入口（站厅非付费区）客流控制，它们的控制点分别位于站厅与站台的楼梯（或自动扶梯）口、进站闸机和车站出入口。

5）其他

除了以上提到的措施，工作人员还可以根据实际情况，在站厅、站台设置临时导向标牌、警戒线、铁马护栏等，或采用人工引导及通过广播引导的方式临时疏导客流。工作人员也可以通过关闭售检票设备及出入口的方式，减缓乘客进站的速度，缓解车站内的客流压力。

案例分析

以雪为令，沈阳地铁全力保障民众出行

2021 年 11 月 7 日，沈阳迎来一场罕见的冻雨暴雪天气，为做好极端天气的出行保障，沈阳地铁提前部署、精密组织大客流，最大限度降低了极端天气对城市轨道交通运营的影响。

沈阳地铁接到暴雪预警后，迅速启动应急响应，提前对冬季防寒设备设施及物资开展自检自查，确保除雪铲、除雪装载机等除雪物资设备数量充足、状态良好，并随时做好抢险准备。

11 月 7 日运营期间，沈阳地铁按照最大运力做好热备车安排，根据客流规律和实际客流情况安排热备车上线，以有效提高运力。为应对日次雪后早高峰可能出现的大客流，并避免发生因接触网结冰影响发车作业的情况，沈阳地铁取消了夜间列车回库安排，提前将列车存放于正线，以保证次日地铁正常发车。

11 月 8 日，沈阳地铁各条线路首班车时间均提前，并最大限度压缩行车间隔，

以缓解市内交通压力，保证市民安全出行。为有效应对早高峰，沈阳地铁还提前做好电扶梯等站内设备的功能性检查，提前开站，做好应对大客流到来的准备。

面对特大暴雪导致的地铁客流猛增，沈阳地铁应对有方，适时采取了应急措施，为民众出行安全保驾护航，践行了党"全心全意为人民服务"的宗旨。

任务实施

有序组织客流

任务描述

通过分析乘客乘车的整个过程，分析在乘客乘车的各个环节中可采取的客流控制措施。

任务目标

掌握常用的客流组织措施。

任务内容

学生以小组为单位，按照图 1-14 中所示的乘客乘车过程共同商议出各个环节车站工作人员所能采取的客流控制措施，并派代表阐述本组的分析结果。

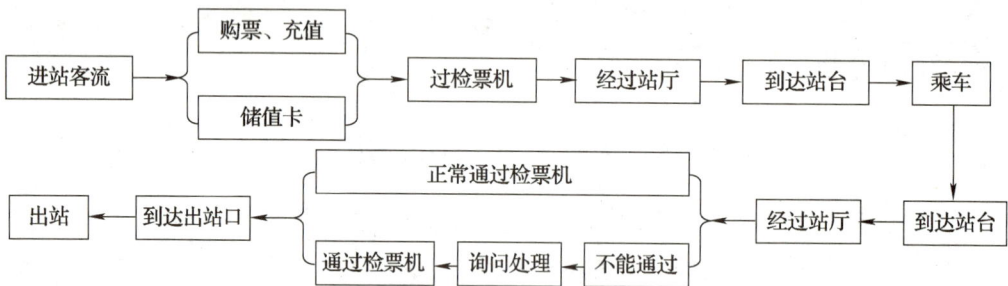

图 1-14　乘客乘车流程

任务自测

通过分享、学习各种控制客流的措施，回答以下问题。

（1）各组总结的客流控制措施中，哪些可以在车站遇到大客流组织时使用？为什

（2）对于早晚高峰、普通时段、周末时段，车站的客流控制方式是否相同？为什么？

任务 1.3　城市轨道交通客运服务管理

任务引入

　　一位乘客到人工售票窗口购票，售票员正端着杯子喝水，见隔壁工位的售票员正在休息，就随手往旁边一指说："我在喝水，你可以到旁边窗口买票。"乘客对此不解，提出意见，而该售票员却认为乘客蛮横、不讲理，为此与乘客发生了争执。

　　请思考：以上事件中售票员的行为是否违反了客运服务规范？城市轨道交通的相关工作人员应该为乘客提供何种服客运服务？

知识准备

　　城市轨道交通是城市文明程度的重要展示窗口，作为一名城市轨道交通客运服务人员，需要掌握标准的服务规范及服务礼仪，以便为乘客提供优质的服务。除此之外，客运服务人员在积极接受乘客意见的同时，还应掌握处理乘客投诉的技巧，不断改进服务过程，以使服务工作更加人性化，更容易被乘客认可和接受。

1.3.1　客运服务的特点

　　城市轨道交通客运服务除了具有运输服务行业的共性外，还有着城市轨道交通服务的特性，具体如下。

1. 服务对象的广泛性

　　随着城市建设的加快，城市轨道交通运营网络的覆盖区域不断增大，城市轨道交通也逐步成为广大市民出行的首选交通工具。此外，随着城市间经济联系的增强，人口流动的范围变广，城市轨道交通也在为来自不同城市的乘客提供客运服务。

2. 服务设施的现代化

　　现代化服务需要由设施、设备和人员共同完成，缺一不可。随着科技的发展，性能优良和设计人性化的服务设施、设备已成为向乘客提供高质量服务的首选。城市轨道交通装备着大量科技含量高的设施，如消防报警系统、自动售检票系统、列车自动运行系统、屏蔽门系统等，正是依靠这些先进的、科技含量高的设施、设备，工作人员才能为乘客提供高质量、现代化的服务。

3. 服务时间的差异性

城市轨道交通的服务时间通俗理解就是其运营时间。我们知道，各个城市的城市轨道交通运营时间不尽相同，同一城市不同城市轨道交通线路的运营时间也不相同，这与城市规模、地理位置、居民生活习惯、乘客出行需求等都有很大的关系。例如，北京地铁8号线开往中国美术馆方向的列车，在回龙观东大街站的首班车时间为4:40；而在日出比较晚的西部城市——乌鲁木齐，地铁1号线双向首班车的时间皆为7:40。城市轨道交通的服务对象是城市中需要出行的人群，其服务时间必须要兼顾乘客的出行需求与运营设施、设备维护保养的需求，这样才能真正解决居民的出行问题，在乘客心目中留下良好的印象。

1.3.2　客运服务的基本要求

（1）保持制服整洁，不佩戴夸张饰品，当班时应保持精气神，避免显露疲态。

（2）留意周围的环境和设备，确保站厅、站台环境整洁，设备状态良好。

（3）维持车站秩序，留意周围的乘客，发现其有任何困难，应主动上前询问，并尽力提供帮助。解答乘客的疑问时，要耐心热情、态度和蔼。

（4）熟悉售票、补票、坏票处理、车票分析的基本操作程序，能够高效地处理票务问题。售票时，应做到准确无误。对乘客表达不清楚的地方，要仔细询问清楚，以免出错。在任何情况下，车票、收据与找零应同时交给乘客，并提醒乘客当面点清。

知识拓展

客运服务人员的服务用语一般有以下要求。

（1）应使用普通话。

（2）应表达规范、准确、清晰、文明、礼貌。

（3）问询、播音宜提供英语服务。

（4）服务文字应用中文书写，民族自治地区还应增加当地的民族文字。

（5）应根据本地区的特点提出服务忌语，并对服务人员进行专门的培训。

1.3.3　客运服务的流程

城市轨道交通客运服务就是将乘客从其出发站运输到目的站，并在此期间为他们提供良好的乘车体验。乘客乘车一般遵循如下流程：进站→购票→通过检票机→进入站台→乘车→下车→通过检票机→出站。针对以上流程，运营单位必须在每个环节均为乘客提供优良的服务，使每位乘客在从进站乘车到下车出站的全过程中都感到满意。

1.　引导乘客进站

乘客想要乘坐城市轨道交通列车，首先需要找到车站。在这一阶段，引导乘客进站就是对客运服务的要求，即车站应在城市轨道交通各出入口附近设立明显的导向标识，方便乘客识别并根据其指示进站乘车。在一些城市轨道交通比较发达的城市，几乎每隔 500 米就有一个明显的导向标识，以便于乘客选择合适的出入口进站。

2.　问讯服务

问讯服务可分为有人式服务和无人式服务。车站的工作人员应向问讯的乘客及时提供服务。随着科技的发展，一些车站开始设置计算机查询平台，可供乘客对出行线路、票价等进行查询。目前，城市轨道交通已经实现了售票和部分问询功能一体化。

3.　售检票服务

目前，城市轨道交通售检票服务的主要形式为自动售检票为主、人工售票为辅。采用自动售检票系统替代人工，可以为乘客提供更为便捷准确的服务，提高服务效率和水平，从长远发展的角度来看，也可以提高企业的经济效益。

4.　组织乘降

站厅和站台应设有导向标识，提示乘客去往相应的方向乘车；站台应设有明显的候车安全线，提示乘客在安全区域内候车；车站应提供广播，为乘客预报下次进站列车的情况和安全提示；站台还应设置显示屏，向乘客提供相关运营信息。

5.　验票出站

车站应设有各类导向标识，引导乘客从所需出入口出站。对所购票卡票款不足的乘客，车站应提供补票服务。

1.3.4　客运服务质量监督与评价

1.　客运服务质量监督

客运服务质量监督主要分为内部监督和外部监督两部分。

内部监督： 建立明确的服务质量监督检查制度。加强内部的检查、监督，形成自查、互查、他查相结合的检查制度，发现问题及时纠正、改进。

外部监督： 接受社会各界监督，改进服务质量。针对不同时期的服务特点和出现的问题，采取定期、不定期发放调查问卷的方式征求乘客意见；设立乘客投诉处理机构，及时受理乘客投诉；设立监督电话，并对外公布监督电话号码；定期向社会公布运营服务质量承诺及履行情况。

2.　客运服务质量评价指标

相关工作人员应定期按客运服务质量评价指标对客运服务质量进行分析、总结，并结合实际工作情况，制订阶段目标，持续改进服务质量。

常用的客运服务质量评价指标有客运强度、列车正点率、售票差错率、乘客投诉率、乘客投诉回复率等。

客运强度： 线路总客运量与线路长度之比（单位：人次/千米），即

$$客运强度 = \frac{线路总客运量}{线路长度}。$$

列车正点率： 一定时期内，正点发出的列车次数与发出列车总次数之比，即

$$列车正点率 = \frac{正点发出的列车次数}{发出列车总次数} \times 100\%。$$

售票差错率： 报告期内，票款差错额与票款总额之比，即

$$售票差错率 = \frac{票款差错额}{票款总额} \times 100\%。$$

乘客投诉率： 一定时期内，乘客投诉发生数与客流量之比，即

$$乘客投诉率 = \frac{乘客投诉发生数}{客流量} \times 100\%。$$

乘客投诉回复率： 在受理乘客投诉后，一定工作日（一般 7 个工作日以内）内处理完毕并回复乘客的执行率，即

$$乘客投诉回复率 = \frac{一定工作日内乘客投诉回复数}{乘客投诉受理数} \times 100\%。$$

1.3.5　乘客投诉

城市轨道交通业是一个服务性的行业，难免会遇到乘客投诉。对于乘客的投诉，工作人员应该妥善接待、耐心处理，展现出良好的企业形象和企业管理水平。

1. 投诉的分类

1）按照投诉的表达方式分类

研究显示，当乘客对所接受的服务不满意时，仅有 26% 的乘客会当场向身边的工作人员口头抱怨，5% 的乘客会事后向相关部门正式投诉。按照乘客表达方式的不同，乘客投诉可分为口头投诉、书面投诉和电话投诉。

口头投诉：乘客当面向相关部门的工作人员进行的投诉。

书面投诉：乘客通过意见箱、邮件、社交媒体留言等方式进行的投诉。

电话投诉：乘客通过热线电话、投诉电话等方式进行的投诉。

2）按照投诉的影响范围和程度分类

按照投诉的影响范围和程度不同，乘客投诉可分为一般投诉和重大投诉。

一般投诉：乘客对城市轨道交通运营服务质量、服务设施、服务环境进行的，经查实确为运营方的责任的投诉。

重大投诉：乘客对城市轨道交通运营服务质量、服务设施、服务环境进行的，经查实确为运营方的责任，并造成严重后果的投诉；或被媒体曝光，造成较大社会影响，经了解情况属实的事件。

3）按投诉的性质分类

根据乘客投诉的性质，乘客投诉可分为有责投诉和无责投诉。

有责投诉：因工作人员工作失误，违规操作，设备、设施保障不力等而引起的投诉。

无责投诉：因自然灾害等不可抗力因素导致服务失误，或乘客自身原因而引起的投诉。

2. 投诉的处理

1）投诉的处理原则

工作人员在处理投诉时应该严格执行"来信必复，来电必答"的工作原则，认真答复所有投诉人。对一般投诉，原则上在 3 个工作日内处理完毕；对较大、重大投诉，原则上在 5 个工作日内处理完毕。

扫一扫

如何应对乘客抱怨

2）投诉处理的流程

为了降低乘客投诉率，提高城市轨道交通的诚信服务水平，运营单位应该制订规范的乘客投诉处理流程。在制订乘客投诉处理流程时，运营单位应以实事求是、公平合理、处理及时为原则，以最大限度地满足乘客的正当要求、认真解决乘客提出的问题为目标，督促相关部门认真处理好每一件乘客投诉。常见的乘客投诉处理流程主要包括投诉处理、投诉审核、调查核实、处理、责任追查、统计分析、改进、记录归档几个部分，如图 1-15 所示。

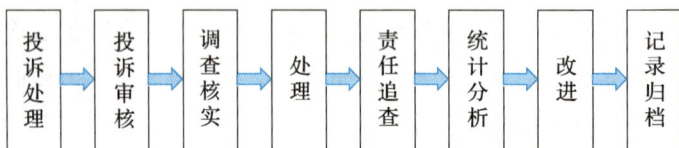

投诉处理 → 投诉审核 → 调查核实 → 处理 → 责任追查 → 统计分析 → 改进 → 记录归档

图 1-15　常见的乘客投诉处理流程

任 务 实 施

服务案例分析

任务描述

通过学习并分析客运服务中遇到的投诉案例，从中总结出提升客运服务质量的技巧。

任务目标

能妥善地处理乘客投诉。

任务内容

通过对案例一的学习，找出案例二中的存在问题，并给出改进方案。

案例一

一位乘客在 A 站自动售票机上购票，但车票未正常吐出，于是找附近的工作人员寻求帮助。他等了近 20 分钟后才有相关工作人员来处理，但该工作人员却告知他还需等待站长处理。该乘客表示没有时间，有急事需马上离开，于是该工作人员安排乘客从边门进站，并答应他会与 B 站（目的地）联系，保证他能正常出站。但乘客到了 B 站后，却被告知无人通知，因此对车站的服务表示十分不满，遂致电车站进行投诉。

事件分析：

（1）车站票务维修人员未能及时赶至现场处理，使乘客等候时间较长，是此次事件初步形成的原因。

（2）当乘客表示没有时间等待站长处理，并要求立即给予放行时，该工作人员违反专用通道使用规定，擅自开启边门让乘客进站，并说会保证其正常出站。而事后站务员却又将乘客需出站的车站搞错。

投诉处理方法：当接到乘客的投诉时，首先应向乘客表示诚挚的歉意，然后详细了解乘客投诉的原因，并留下乘客的联系方式，以便为乘客提供投诉反馈。对于乘客投诉的服务问题要积极与相关工作人员核实，并在规定的工作日内，为投诉乘客提供满意的回复。

服务改进方法：当设备故障一时无法排除时，工作人员应该请示站长开具"乘客事务处理单"，退还乘客购票费用，并引导乘客另行购票。

案例二

某日，车站的客服中心前排起了长队，因为有一位乘客丢失贵重物品请求工作人员的帮助，工作人员小张好不容易办完了此项业务，刚要给排队的乘客办理售票，另一名工作人员带领一位乘客过来，表示该乘客的票不能出站，于是小张随即给这位乘客办理。此时排在队首的乘客变得不满，抱怨道："你们怎么做服务的，怎么先给后来的人服务啊？"小张急忙解释："按公司规定，我们需要先为不能出站的乘客服务。"乘客不听解释："让你们领导过来，我要投诉。"

恰好值班站长经过，听了小张的解释以后，对乘客说："您好，我们的售票员没有做错，公司确实是这样规定的。"乘客不满意，决定继续进行投诉。

事件分析：

投诉处理方法：

服务改进方法：

✋ 任务自测

客运服务工作中，常用的技巧和措施有哪些？

朱传明是青岛地铁的一名站区长，在他的带领下，该站区的相关工作人员已经顺利应对了多个节假日、旅游旺季的大客流，保障了车站安全、高效运营。特别是在面对疫情、防汛等突发事件时，朱传明坚守现场、合理处置，他这种认真的工作态度积极影响了许多工作人员，真正诠释了什么是"爱岗敬业竭全力，心底无私天地宽"的敬业精神。

在日常工作中，他喜欢与同事交流业务知识，并能及时发现他人的业务短板，从而进行有针对性的演练、培训、评估。他坚信"任何人都不是生而知之，而是学而知之"。在保证车站正常运营的情况下，他经常为大家组织各项培训，以帮助大家了解业务盲点，从而培养出一支技能精英团队。

为了顺利开展节假日期间客流控制，他反复勘查现场客流，带领员工进行客流踩点；为提高乘客进站速度，他组织开设4个确认岗位同时检票；为了不断完善客流控制方案，他及时总结吸取每一次大客流组织经验。

为了提升站区服务质量，牢抓文明标准规范，每逢节假日或重大活动时，他白天穿梭于各个点位，不断提醒大家要热情服务、文明标准；晚上他则利用休息时间规划次日人员点位，确保能为乘客提供更加全面细致的客运服务。

在他的带领下，他所在的站区先后获得市级"红飘带诚信地铁车站""青岛市文明服务示范窗口""环境友好建设单位"等荣誉称号，成为青岛市城市轨道交通单位中一道展示城市文明的风景线。

（资料来源：http://news.bandao.cn/a/416590.html）

项目学习效果综合测评

一、选择题

1. 下列职业精神中与客运服务人员关系不大的是（　　）。

　　A．为人民服务精神

　　B．救死扶伤的人道主义精神

　　C．助人为乐的奉献精神

　　D．干一行爱一行、专一行精一行的敬业精神

2．当面对乘客的投诉时，客运服务人员做法错误的是（　　　）。

A．感激乘客的批评指教

B．落实、监督乘客投诉的具体问题

C．搪塞乘客

D．快速采取行为，补偿乘客损失

3．四阶段客流预测模式的过程不包括（　　　）。

A．出行分配　　　　　　　　　B．出行方式划分

C．出行生成　　　　　　　　　D．出行预测

4．客流控制措施包括（　　　）等。

A．关停自动检票机　　　　　　B．关闭供电系统

C．关闭换乘通道　　　　　　　D．单向开放或关闭出入口

5．乘客的投诉方式不包括（　　　）。

A．向车站邮箱发邮件投诉

B．将恶劣的服务过程拍成小视频发布到网上

C．当面指责相关工作人员态度懒散

D．拨打站长热线投诉

二、填空题

1．客流是指在_____内，城市轨道交通线路上_____、_____和_____的总和。

2．常见的城市轨道交通客流调查有_____、_____、和_____。

3．_____、_____、_____或_____等情况，会造成城市轨道交通车站客流突发性地增加。

4．常见的换乘客流的组织方法有_____、_____、_____、和_____。

5．城市轨道交通客运服务的流程为_____、_____、_____、_____、_____。

三、综合题

1．已知某城市轨道交通公司有两条线路：A 线和 B 线。某日，由 A 线进站且由 A 线出站的客流量为 23 579 人次，由 B 线换入 A 线的客流量为 78 931 人次，由 A 线入 B 线的客流量为 67 893 人次，A 线非付费客流量为 10 294 人次；由 B 线进站且 B 线出站的客流量为 25 781 人次，B 线非付费客流量为 1 573 人次。

　　求：（1）A 线、B 线当天全日客流量。

　　（2）此城市轨道交通公司线网日客流量。

　　2．某乘客持单程票在 C 站无法出站，便至客服中心处理。客服中心的工作人员经查证，该票卡是在 A 站购买的，目的地为 B 站，票价为 3 元，但是该乘客上车后在 C 站下车，A 站到 C 站的票价为 5 元。该工作人员解释道："票卡余额不足无法出站，需补交 2 元才能出站。"该乘客表示不理解，但还是补交 2 元后出站。出站后，乘客以工作人员业务知识太差，表达不清晰为由对该名工作人员进行投诉。

　　请分析以上案例中存在的问题，并提出改进措施。

项目 2

城市轨道交通运输管理

>>>>>>>

　　城市轨道交通运输管理是立足于城市轨道交通的运输能力，根据客流的特点合理编制运输计划，组织列车运行，进而实现运营计划的过程。在对城市轨道交通进行运输管理时，首先应该明确各个线路的运输能力及客流计划，然后再编制相关的列车运行计划。运输管理是保证城市轨道交通各个部门相互配合、协调运作的重要组成部分。

班级＿＿＿＿＿＿　　　姓名＿＿＿＿＿＿　　　学号＿＿＿＿＿＿

项目工单

请根据以下工单来学习本项目的内容，并总结自己的学习成果。

课程预习	☐	学习影响城市轨道交通运输能力的因素
	☐	学习提高城市轨道交通运输能力的措施
	☐	学习城市轨道交通运营计划的相关内容
	☐	学习城市轨道交通运营计划的编制

知识学习	☐	掌握城市轨道交通通过能力的构成及计算
	☐	掌握城市轨道交通输送能力的构成及计算
	☐	能计算相关线路的运输能力
	☐	掌握城市轨道交通客流计划的编制
	☐	掌握城市轨道交通全日行车计划的编制
	☐	掌握城市轨道交通列车运行方案的编制
	☐	掌握城市轨道交通车辆运用计划的编制

素质提升	☐	具备对问题的分析和判断能力
	☐	养成实事求是，具体问题具体分析的做事基准
	☐	具备运用理论知识解决实际问题的能力

技能测评	☐	能准确分析城市轨道交通运输能力的影响因素
	☐	能按实际情况为城市轨道交通制订提升通过能力的措施
	☐	能按实际情况为城市轨道交通制订提升输送能力的措施
	☐	能按实际情况合理预测城市轨道交通的客流计划
	☐	能够按照实际情况编制相关的全日行车计划、列车配备与检修计划，以及列车运行方案

任务 2.1　城市轨道交通运输能力

任务引入

　　北京地铁 1 号线是我国建成的第一条城市轨道交通线路，它从 1971 年试运营至今已经有 50 多年的使用时间，并且见证了北京市常住人口从 700 多万发展至 2 000 多万。为了满足逐年增加的乘客出行需求，北京地铁 1 号线不断地提升着自己的运输能力。

　　在北京地铁 1 号线刚开始运营时，列车的行车间隔为 14 分钟，两车站之间只能开行一辆列车。后来，经过不断地升级改造，到 2011 年，北京地铁 1 号线在高峰时段的行车间隔已缩短至 2 分 05 秒，成为当时世界上效率最高的城市轨道交通线路之一，但即便如此仍不能满足乘客的出行需求。

　　2012 年，北京地铁 1 号线再次启动信号系统改造。到 2015 年，相关工作人员经过连续 3 年的努力工作，使信号系统成功升级，将北京地铁 1 号线的行车间隔又缩短了 5 秒。这意味着，每天该线路不仅可以多运送 5 万人次乘客，还能改善原本拥挤的车厢，提升乘客的乘车体验。

　　通过以上事例，请思考：影响城市轨道交通运输能力的因素有哪些？

知识准备

　　运输能力是城市轨道交通的重要参数，也是决定运输过程、完成客运任务的重要影响因素之一。通常，随着城市的不断发展和市民出行需求的不断增加，城市轨道交通客流往往呈现逐年增长的趋势，因此为了适应客流的增长，城市轨道交通的相关部门应该及时分析影响运输能力的因素，科学有效地开展运输工作，充分发挥城市轨道交通的运输能力，更好地满足乘客的出行需求。

2.1.1　影响运输能力的因素

　　一般来说，城市轨道交通的运输能力一般由通过能力和输送能力共同决定。

1．通过能力

城市轨道交通的通过能力是指在采用一定的车辆类型和行车组织方法的条件下，固定设备（如线路、列车折返设备、车辆段设备、牵引供电设备等）在单位时间内所能允许通过的最大列车数。

1）线路的通过能力

线路的通过能力主要受正线数、列车停站时间、列车运行控制方式、车站是否设置配线、车辆技术性能、进出站线路平纵断面、行车组织方法等因素影响。

2）列车折返设备的通过能力

列车折返设备的通过能力主要受折返站的配线布置形式及折返方式、列车停站时间、车站信号设备类型、车载设备反应时间、折返作业进路长度、调车速度、列车长度等因素影响。

3）车辆段设备的通过能力

车辆段设备的通过能力主要受车辆的检修台位、停车线等设备的数量和容量等因素影响。

4）牵引供电设备的通过能力

牵引供电设备的通过能力主要受牵引变电所的配置和容量等因素影响。

> **提　示**
>
> 城市轨道交通的通过能力主要取决于固定设备的设置条件，因此在线路建设完毕后，城市轨道交通的通过能力一般不会发生变化，除非其他因素超出极限，相关部门才会选择对固定设备进行升级改造。

2．输送能力

城市轨道交通的输送能力是指在一定的固定设备、车辆类型及行车组织方法的条件下，按照现有移动设备的数量、配置，以及相关工作人员人数，城市轨道交通在单位时间内（高峰小时、一个工作日或一年）所能运输的乘客人数。输送能力是运输能力的最终体现，它主要取决于移动设备的数量和配置。

2.1.2　运输能力的计算

1．通过能力的计算

城市轨道交通的通过能力是各个固定设备通过能力的综合。因为各个设备的通过能力各不相同，所以整个系统的通过能力由通过能力最小的固定设备决定，即

$$n_{\max} = \min\{n_{线路}, \ n_{折返}, \ n_{车辆}, \ n_{供电}\},$$

式中：

$n_{\max}$——单位小时内城市轨道交通的最大通过能力（列）；

$n_{线路}$——单位小时内线路的通过能力（列）；

$n_{折返}$——单位小时内列车折返设备的通过能力（列）；

$n_{车辆}$——单位小时内车辆段设备的通过能力（列）；

$n_{供电}$——单位小时内牵引供电设备的通过能力（列）。

提　示

在为城市轨道交通配备设备时，如果各个固定设备的通过能力相差悬殊，就会产生某些固定设备的通过能力闲置的情况，造成资源浪费。

2. 输送能力的计算

城市轨道交通的输送能力是衡量其服务水平和技术水平的重要指标，一般用单位时间内所能输送的乘客人数来衡量。当线路的通过能力一定时，输送能力主要取决于列车编组辆数和车辆定员人数，即

$$p_{\max} = n_{\max} m p_{定}$$

式中：

$p_{\max}$——单位时间内城市轨道交通的最大输送能力（人次）；

m　——列车编组辆数（辆）；

$p_{定}$——车辆定员人数（人）。

提　示

列车编组辆数必须满足单向高峰小时断面客流量的需要，并兼顾信号系统设备所能达到的行车间隔。

车辆定员人数由车辆的座位人数和站位人数组成，其中，单位站位面积内的站立人数在舒适度要求不高的情况下（结合我国具体国情），可按 6 人/平方米的标准定员，当考虑列车超员的情况时，按 9 人/平方米定员。

2.1.3　提高运输能力的措施

1. 提高通过能力的措施

常用的提高城市轨道交通通过能力的措施有建设新线和提高行车密度两种方法。

1）建设新线

建设新线是指增加投入运营的线路，使城市轨道交通线网逐步扩大。该方法包括既有线路的延伸，以及将单线扩建为双线或多线等。建设新线能使城市轨道交通的通过能力有较大的提高，但是会遇到资金、土地及环保等方面的困难或限制。

2）提高行车密度

提高行车密度是指缩短行车间隔，这是提高既有线路通过能力的基本途径。相关部门可以通过压缩列车的进站时间、加减速时间、停站作业时间等来提高行车密度。

2. 提高输送能力的措施

由前文可知，决定城市轨道交通输送能力的主要因素是列车编组辆数和车辆定员人数。因此，提高城市轨道交通输送能力的措施主要有以下几点。

1）增加列车编组辆数

在一定范围内，增加列车编组辆数能极大地提高城市轨道交通的输送能力，但是列车编组辆数会受到站台长度、运营经济性等因素的制约，而且列车编组辆数通常影响着列车的行车间隔，一般来说，列车编组辆数越多，列车的行车间隔越长。

知识拓展

不同城市的轨道交通编组采用的车辆类型有很大的差别，一般有动车和拖车、带驾驶室车和不带驾驶室车等多种形式。

例如，郑州地铁采用的车辆类型，分为带驾驶室的拖车（A车），带受电弓、无驾驶室的动车（B车）和不带受电弓、无驾驶室的动车（C车）三类。当选择用6节编组方案时，一般按照A—B—C—C—B—A的形式编组。

又如，深圳地铁的车辆采用筒形车体，分为带驾驶室的拖车（Tc）和无驾驶室的动车（M）。列车通常由两个单元组成，每个单元包含3辆车，常见的编组方案为Tc*M1*M2—M2*M1*Tc。

其中，"—"表示半自动车钩，"*"表示半永久牵引杆。

2）使用新型车辆

新型车辆一般较旧式车辆在车辆运行性能和车载设备上有较大的升级，这些都有利于提高列车的运行速度，缩短列车的追踪间隔时间，进而提高城市轨道交通的输送能力。此外，新型列车还有空间大等特点，这会增加车辆定员人数，从而提高城市轨道交通的输送能力。

3）提高车辆定员人数

车辆定员人数中的站位人数是影响列车输送能力的主要因素，因此可以通过优化车辆内部装饰、改变车辆内座椅的布置来切实增加列车的载客人数。例如，将双座椅改为单座椅，或将纵向布置的固定座椅拆除，这些都是常用的提高车辆定员人数的措施。如图 2-1 所示，北京地铁 4 号线的相关工作人员正在拆除车辆内的部分座椅，以提高车辆定员人数。若北京地铁 4 号线的座椅拆除工作完成，则全线每天可增加约 8 000 人次的载客量。

扫一扫

北京地铁提升运输
能力的措施

图 2-1　相关工作人员拆除车辆座椅

提　示

　　在提高城市轨道交通运输能力时，可以采取提高通过能力与输送能力并用的方式。例如，以提高行车密度为主和提高车辆定员人数为辅的方式来提高既有线路的运输能力。但是在线路行车密度已经很大的情况下，要想较大幅度地提高城市轨道交通运输能力，往往需要通过改造设备的措施来实现。

任 务 实 施

学会提升运输能力

任务描述

　　通过学习某城市轨道交通线路运输能力的分析过程，总结限制运输能力的因素，并学习相关提升运输能力的措施。

任务目标

　　能结合事例学习各个影响地铁运输能力因素的分析过程，并能够分辨出限制运输能力的主要因素。

任务内容

案例一

为了迎接 2008 年北京奥运会，北京地铁 2 号线曾一次性将该线路的运输能力提升了 50%以上。首先，为了提高信号系统的通过能力，运营单位为北京地铁 2 号线换上了当时最先进的移动闭塞系统，并在奥运会前实现最小行车间隔 3 分钟，运营一年后最小行车间隔缩短至 2 分 30 秒；其次，运营单位还增购了 144 列新型列车，用其替换掉使用了近 30 年的旧列车。

案例二

为了缓解北京地铁 10 号线部分车站早晚高峰时间的换乘客流压力，减少限流及乘客排队等候时间，最大程度地提升运输能力，运输单位对北京地铁 10 号线部分列车的车厢座椅进行了局部改造。

列车车厢座椅改造内容包括：拆除部分车厢的六人座椅 12 套、三人座椅 2 套，增设腰靠设施 26 套。座椅改造后全列车增加乘客站立面积约 21 平方米，单列车最大运输能力提升 5%。

案例三

上海地铁在 2017 年 4 月 49 日延长了多条城市轨道交通线路的运营时间，其中上海地铁 10 号线和 16 号线全线分别常态延长运营时间 25 分钟和 30 分钟，还有其他 6 条线路在周五、周六延时运营至零点。此次调整运营时间涉及的线路不但覆盖了中心城区，还覆盖了许多交通枢纽、重点商圈。据官方数据显示，多条线路延时运营首日，上海地铁共接待客流量 1 186.7 万人次，刷新单日最高客流纪录。延长运营时段内，延时的线路共计运送乘客 1.7 万人次，骨干线路夜间延时效果初显。

通过阅读以上案例，请总结出提升城市轨道交通运输能力的措施，并为以下案例提供可行的提升运输能力的措施。

案例四

某城市于 2014 年开通了地铁 1 号线，主要负责城市中东西向客流的运输工作，但是开通不到 5 年，日均客流量就由 5 千人次增长至 50 万人次。在此期间，相关部门已将行车间隔不断减小，由运营初期的 10 分钟逐渐减少至 3 分钟。但是随着地铁 1 号线周边的发展，客流量还在持续增长。目前，该线路的日均客流量已达到 60 万人次左右，并且个别站点已经出现高峰时段部分乘客上不了车的现象。

任务自测

学习以上案例后，请分析：在这些提升城市轨道交通运输能力的措施中，哪些措施的提升效果更显著？

任务 2.2　城市轨道交通运营计划

任 务 引 入

　　小王是城市轨道交通运营管理专业的一名新生，他利用假期时间体验了几条本市的地铁线路之后发现，不同地铁线路的运营时间各不相同，而且同一条线路在一天中不同时间段的行车间隔也不同，这让他不禁感叹城市轨道交通运营工作的复杂性。小王通过咨询相关工作人员后得知，保证各线路安全、有序运营的基础就是运营计划，因为各线路的客流特点各不相同，所以相应的运营计划也各不相同，这就导致了不同线路在运营时间和行车间隔方面存在差异性。

　　请思考：为了保证城市轨道交通线路的有序运行，相关部门在制订运营计划时，可能包含哪些内容？

知 识 准 备

　　运营计划是城市轨道交通日常运输组织的基础，它不仅是城市轨道交通运输能力和服务质量的保证，而且还能提升城市轨道交通的运输效率、降低运营成本。为了保证运输任务的圆满完成，相关部门应该根据客流的特点，合理编制并落实运营计划。

　　在为城市轨道交通制订运营计划时，首先应该编制客流计划，然后根据客流计划制订相应的全日行车计划、列车运行方案及车辆运用计划。

2.2.1　客流计划

　　客流计划是指在运营计划编制阶段对城市轨道交通线路客流的规划，它是其他计划编制的基础。客流计划的主要内容包括沿线各站间发到客流量、各站上下车客流量、各断面客流量和全日分时最大断面客流量等。

1.　编制资料

　　客流计划的编制一般分为新运营线路和既有运营线路两种情况。通常，对于新运营线路，客流计划根据客流预测资料进行编制；对于既有运营线路，客流计划根据客流统计资料和客流调查资料进行编制。

2. 编制过程

在编制客流计划时，相关工作人员应以站间发到客流量数据作为编制基础，用二维矩阵来表示站间客流资料，通常也称之为站间交换量 OD 矩阵，并以此计算出各站上下车客流量及断面客流量等数据，最终绘制出断面客流图。具体过程通常如下。

（1）根据单位小时站间发到客流量计算该小时各站上下车客流量。

（2）根据单位小时各站上下车客流量计算该小时各断面客流量，并以此绘制断面客流图来确定该小时的最大断面客流量。

（3）重复以上过程，确定全日分时最大断面客流量。

2.2.2　全日行车计划

全日行车计划是指在城市轨道交通运营时间内各小时计划开行的列车数，它规定了城市轨道交通线路的日常运输任务，是编制列车运行图和确定车辆运用计划的基础资料。

1. 编制资料

全日行车计划的编制资料主要有运营时间、全日分时最大断面客流量、列车运载能力和线路断面满载率。

1）运营时间

运营时间主要取决于市民的出行活动特点和城市轨道各项设备的检修需要这两个因素。大多数城市轨道交通的运营时间为 18～20 小时，个别城市为 24 小时（如香港地铁在重大节假日为了方便市民实行通宵运营），适当延长运营时间是城市轨道交通高服务水平的体现。

2）全日分时最大断面客流量

全日分时最大断面客流量是指一天中各小时的最大断面客流量。全日分时最大断面客流量一般是不相等的，其中的峰值为高峰小时最大断面客流量。全日分时最大断面客流量是决定全日行车计划的关键因素，在计算全日分时最大断面客流量时，应以客流调查数据为基础，根据单位小时各站上下车客流量来计算各断面的客流量，然后对比得出最大断面客流量。

3）列车运载能力

列车运载能力即列车定员人数，是指列车编组辆数与车辆定员人数的乘积。在列车编组辆数一定时，列车的运载能力主要取决于车辆尺寸、车辆内座位的布置方式和车门设置数。通常，车辆长宽尺寸越大载客越多，车厢内座位纵向布置比横向布置载客多。

4）线路断面满载率

线路断面满载率是指在单位时间内，特定断面上列车运载能力的利用率。在实际工作中，线路断面满载率通常是指早高峰小时单向最大客流断面列车运载能力的利用率，它既反映了列车在最大客流断面的满载程度，也反映了乘车的舒适度。为提高列车利用率、降低运营成本，列车在高峰小时可适当超载。

2. 编制过程

编制全日行车计划时，首先要通过全日分时最大断面客流量确定分时列车开行数，再根据分时列车开行数来确定分时行车间隔，最终确定全日行车计划。

1）计算分时列车开行数

分时列车开行数的计算公式为

$$n_i = \frac{p_{i\max}}{p_{列}\beta_i}$$

式中：

n_i ——分时列车开行数（对）；

$p_{i\max}$ ——全日分时最大断面客流量（人次）；

$p_{列}$ ——列车定员人数（人次）；

β_i ——线路断面满载率。

2）计算分时行车间隔

分时行车间隔的计算公式为

$$n_{i间隔} = \frac{3\,600}{n_i}$$

式中：

$n_{i间隔}$——分时行车间隔（秒）。

3）确定全日行车计划

在确定了以上数据之后，还应充分考虑乘车便利、服务质量等因素，检查分时行车间隔是否合理，若不合理则需进行微调（一般城市轨道交通在非高峰时段的行车间隔应不大于 6 分钟），最终确定全日行车计划。

> **提 示**
>
> 高峰小时的行车间隔应与列车折返能力相适应。

2.2.3　列车运行方案

列车运行方案包括列车交路方案、列车编组方案、列车停站方案 3 个部分。

1.　列车交路方案

列车交路是指列车在规定的运行线路上往返运行的方式。列车交路方案规定了列车运行区段、折返车站以及按不同交路运行的列车对数。

1）列车交路方案的种类

列车交路方案一般包括长交路方案、短交路方案和长短交路方案 3 种。

（1）长交路方案。

长交路方案是指列车在城市轨道交通线路上每站都停，并在线路两端折返的交路方式，如图 2-2 所示。该交路方案是最简单、最基础的交路方案，适用于线路的各个断面客流量比较均衡的情况。

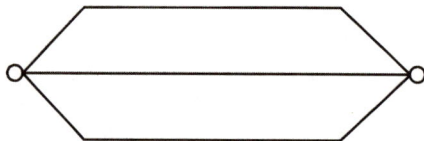

图 2-2　长交路方案

（2）短交路方案。

短交路方案是指列车只在规定的某个区段内运行（如在城市轨道交通线路中的某个中间站和终点站折返），而不在全线上运行的交路方案，如图 2-3 所示。这种交路方案适用于同一时间多个断面客流量有明显不同的情况。另外，此种交路方案还可以降低运输成本。

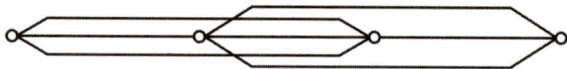

图 2-3　短交路方案

（3）长短交路方案。

长短交路方案是指部分列车只在规定的两个中间站之间运行，其他列车每站都停，并在线路两端折返的交路方式，如图 2-4 所示。这种交路方案适用于中间几个断面的客流量与其他断面的客流量有着非常明显区别的情况。

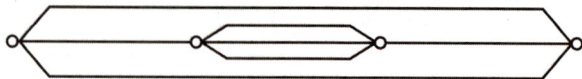

图 2-4　长短交路方案

知识拓展

　　长交路方案可以均衡每个车站的可达性，但是有时会造成列车运载能力的浪费。与之相比，短交路方案和长短交路方案，不但能提高运输组织效率，还可以节约成本，但是它们对行车组织的要求非常高。

2）列车交路方案的确定

　　首先，相关工作人员会在客流调查分析的基础上，根据客流在空间、时间上分布的规律，来确定列车交路方案。

　　其次，根据行车条件确定列车交路方案实现的可能性。因为列车交路方案的实现只能在两个设有调车或折返线路的车站之间进行。除此之外，确定列车交路方案还需要考虑是否会影响行车间隔等因素。

　　最后，确认车站客流组织是否能满足列车交路方案。这是因为列车交路方案的调整可能导致列车运行终点站的变化，相关车站的乘降、列车清客、转线和客运服务作业组织等也会受到一些影响。如果客流组织不力将直接影响列车运行图的执行情况，所以在确定列车交路方案时，也要考虑客流组织这一因素。

2. 列车编组方案

1）列车编组方案的种类

　　列车编组方案可分为大编组方案、小编组方案及大小编组方案 3 种。

　　（1）大编组方案。

　　大编组方案是指在运营时间内列车编组辆数固定且相对较多的列车编组方案。例如，城市轨道交通列车采用 6 辆或 8 辆编组。

　　（2）小编组方案。

　　小编组方案是指在运营时间内列车编组辆数固定且相对较少的列车编组方案。例如，如城市轨道交通列车采用 3 辆或 4 辆编组。

　　（3）大小编组方案。

　　大小编组方案是指在运营时间内列车编组辆数不固定的列车编组方案。大小编组方案有两种情形，一种是在非高峰时段列车编组辆数相对较少，在高峰时段列车编组辆数相对较多。例如，在非高峰和高峰时段，城市轨道交通列车分别采用 3/6 辆编组、4/6 辆编组或 4/8 组。另一种是在全日运营时间内采用大小编组。例如，城市轨道交通列车在全日运营时间内采用 3/6 辆或 4/6 辆编组。

扫一扫

列车编组

2）影响列车编组方案的因素

影响列车编组方案选择的主要因素是客流、车辆类型及行车间隔。此外，列车编组方案的选择还应考虑其对运营服务水平、车辆运用经济性、运营组织复杂性等因素的影响。

（1）客流。

客流因素主要是指高峰小时最大断面客流量和分时客流不均衡程度。在车辆类型和行车间隔一定的情况下，列车编组辆数一般和高峰小时最大断面客流量成正比。若高峰小时最大断面客流量较大，通过压缩行车间隔也无法满足客流需求时，应该选择大编组方案；若高峰小时最大断面客流量不大，但分时客流不均衡程度较大时，应该选择小编组方案或大小编组方案。

（2）车辆类型。

在满足客流需求的前提下，当行车间隔一定时，若车辆定员人数较多，则列车编组辆数可适当减小。

（3）行车间隔。

在满足客流需求的前提下，当车辆定员人数一定时，若列车的行车间隔较小，则列车编组辆数可适当减小。但由于行车间隔受到信号系统、车辆性能、折返能力、停站时间等多个因素的影响，所以采用小编组方案时，相关部门有必要对列车的行车间隔进行验算，确定其是否可行。

（4）运营服务水平。

不同的列车编组方案会对城市轨道交通的运营服务水平造成影响。在客流量不大的情况下，采用小编组方案，适当压缩行车间隔，可以缩短乘客的候车时间，提高运营服务水平。

（5）车辆运用经济性。

采用小编组方案可以提高列车满载率，降低牵引能耗，但是乘务员的配备数量也会相应增加，而且随着列车中动车比例的增加，车辆的平均价格也呈增加趋势。

（6）运营组织复杂性。

相对于大编组或小编组方案，大小编组方案由于编组辆数不固定，增加了列车的编组与解体、高峰时段和非高峰时段的过渡，以及行车间隔的调整等工作，这会导致列车的运营组织变得复杂。

3. 列车停站方案

列车停站方案包括站站停车、区段停车、越站停车 3 种。

1）站站停车

站站停车是指列车在全线所有车站均停车的列车停站方案。与其他列车停站方案相比，采用此种列车停车方案时，城市轨道交通线路上开行列车的种类比较简单，不存在列车越行的情况。站站停车的运营组织相对简单，但由于列车的停站次数多，列车运行速度比较低。目前，城市轨道交通大多数都采用此种方案。

2）区段停车

区段停车是指长交路列车在短交路区段外每站停车，但在短交路区段内不停车通过，而短交路列车则在短交路区段内每站停车的列车停站方案。采用此种列车停车方案时，由于长交路列车停站次数相对减少，因此提高了长交路列车的运行速度，压缩了长途乘客的乘车时间，加快了长交路列车的车辆周转。但短交路区段内车站和短交路区段外车站之间发到的客流则无法直接到达目的地，必须进行换乘作业。

3）越站停车

越站停车示意图如图 2-5 所示。若线路上运行甲、乙两类采用不同停站方式的列车，A、B、C 为线路上的 3 类车站。其中 A、B 类车站按相邻分布的原则设置，C 类车站可按每隔若干个车站设置一个的原则设置。甲类列车在 A、C 类车站停车作业，在 B 车站通过；乙类列车在 B、C 类车站停车作业，在 A 类车站通过，这就称为越站停车。

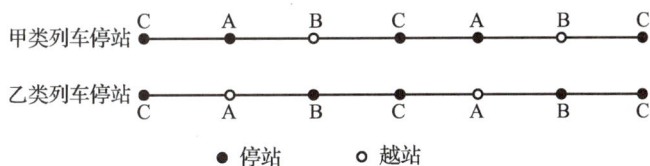

图 2-5　越站停车示意图

越站停车减少了列车停站次数，提高了列车的运行速度，压缩了乘客的乘车时间，加快了车辆的周转，减少了车辆的使用，降低了运营成本。但是在 A 类和 B 类车站的乘客候车时间会增加，并且 A 类与 B 类车站之间发到的客流无法直接到达目的地，乘客必须在 C 类车站进行换乘。

2.2.4　车辆运用计划

车辆运用计划是指在一定的设备和行车组织方法的条件下，为完成全日行车计划而制定的车辆使用计划。相关部门可根据列车运行图及其他相关资料编制车辆运用计划，并在运营开始前通知行车调度员。

1. 车辆运用计划的对象

通常，以下几种车辆需要编制车辆运用计划。

1）运用车

运用车是为了完成日常运输任务而配备的技术状态良好的车辆。运用车的数量与高峰小时列车开行数、列车周转时间、列车编组辆数等因素有关。其中，列车周转时间是指列车在线路上往返一次消耗的全部时间，它包括列车在区间的运行时间，在各中间站的停车时间，以及在两端折返站的折返停留时间。

2）检修车

检修车是指处于定期检修状态的车辆。车辆经过一段时间的使用后，各部件会产生变形或损坏。为保持车辆技术状态良好、延长车辆使用寿命、确保列车运行安全，相关工作人员需要定期对车辆进行检修。检修车的数量取决于运用车的配属数、检修周期与检修停时等因素。一般检修车的数量是运用车数量的10%～15%。

3）备用车

备用车是指为应对临时或紧急运输任务，以及预防车辆突发故障而配备的技术状态良好的车辆。通常，备用车的数量是运用车数量的10%左右。对于刚刚投入使用的新线，由于车辆状态较好，运输任务不重，备用车的数量可适当地减少，以节约成本。

2. 车辆运用计划的编制

在编制车辆运用计划时，主要参照列车运行图和车辆检修计划等资料，车辆运用计划的主要内容有以下几方面。

1）排定出入段顺序与时间

新的列车运行图发布后，车辆基地应根据列车运行图中的要求，排定运用车的出段顺序、时间和担当车次，以及回段顺序、时间和返回方向。在确定运用车出段时间时，应明确乘务员出勤时间和运用车出库、出段时间。

2）编制车辆周转图

列车的正线运行通常采用循环交路的方式，相关部门应该根据列车运行图和车辆出入段顺序，以车辆周转图的形式来规定全日各出入段顺序对应的运用车在正线上往返运行的列车交路，以及运用车在两端折返站的发到时刻。

3）确定各出段顺序对应的运用车

根据车辆的运用状态与检修计划，相关部门应确定担当次日各出段顺序、列车交路的运用车（编号）与待发股道。在安排车辆运用时，应注意使运用车的走行公里数在一定时期内大体均衡。

4）配备乘务员

城市轨道交通的乘务制度通常是采用轮乘制。由于乘务员值乘的列车不固定，在编制车辆运用计划时，应对乘务员的出退勤时间、地点和值乘列车车次，以及工间休息和途中用餐等同步做出详细安排。安排乘务员的工作时，应注意乘务员的连续工作时间，不得使其过度劳累。

✂ **提　示**

　　城市轨道交通行车密度高，在列车运行过程中，任何设备故障、客流意外波动等都会导致列车延误或晚点。此时行车调度员应根据列车运行图，在保证行车安全的前提下，对日常运营计划进行调整。

　　日常运营计划的调整方法主要有以下几种。

　　（1）列车在始发站提前或推迟发出。

　　（2）根据车辆技术状态、线路允许速度，组织晚点列车提速运行，恢复正点；或组织车站进行快速作业，压缩停站时间。

　　（3）非正常情况下，组织列车不停车通过某些中间车站。

　　（4）根据中间折返设备的情况，临时调整运行交路以适应客流要求。

　　（5）根据客流变化，增大或减小某些时段列车开行数。

　　（6）根据客流情况，在某些时段封闭个别车站。

　　（7）紧急情况下，在车站扣车或区间临时停车，组织其他列车救援、反向运行等。

🚄 任务实施

编制全日行车计划

🖐 **任务描述**

　　根据所提供的事例，学习编制全日行车计划。

🖐 **任务目标**

　　能够认识全日行车计划，并了解其编制过程。

🖐 **任务内容**

　　编制依据：

　　（1）已知早高峰小时（7:00—8:00）A 站至 H 站之间的站间 OD 客流数据如表 2-1 所示。规定 A—H 方向为上行，H—A 方向为下行。

表 2-1　早高峰小时 A 站至 H 站之间的站间 OD 客流数据　　　单位：人次

OD	A	B	C	D	E	F	G	H
A	—	2 341	2 033	2 518	1 626	2 104	3 245	4 232
B	2 314	—	575	1 540	1 320	2 282	2 603	3 112

（续表）

OD	A	B	C	D	E	F	G	H
C	1 887	524	—	187	281	761	959	1 587
D	2 575	1 376	199	—	153	665	940	1 638
E	1 556	1 253	322	158	—	143	426	1 040
F	3 100	2 337	662	691	162	—	280	1 895
G	4 191	3 109	816	956	448	388	—	711
H	3 560	2 918	1 569	1 728	967	1 752	671	—

（2）全日分时最大断面客流量分布比例如图 2-6 所示。

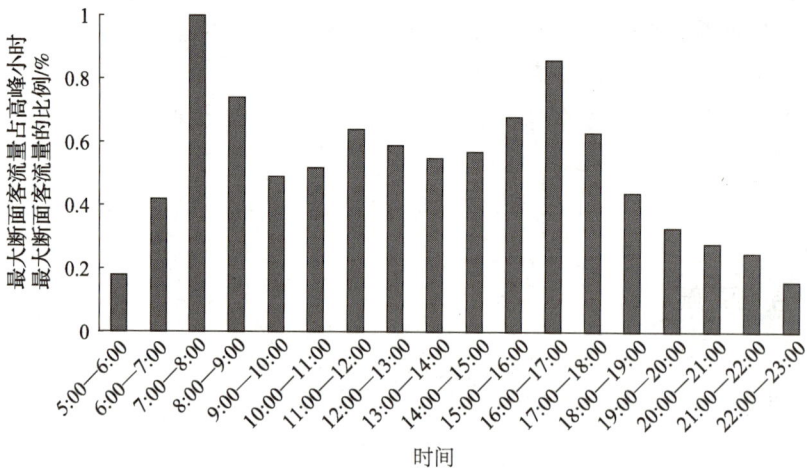

图 2-6　全日分时最大断面客流量分布比例

（3）列车编组辆数为 6 辆，车辆定员人数为 310 人。

（4）线路断面满载率在早晚高峰小时为 110%，其他运营时间为 90%。

编制过程：

（1）首先根据表 2-1 计算早高峰小时各断面客流量，以上行数据为例，其计算过程如下。

表 2-1 中对角线右上方为上行数据，对角线左下方为下行数据。对对角线右上方的数据进行每行求和，得到每个站的上车客流量；对对角线右上方的数据进行每列求和，得到每个站的下车客流量。例如 A 站上行上车客流量为

$$A_{\perp}^{\perp} = 2\,341 + 2\,033 + 2\,518 + 1\,626 + 2\,104 + 3\,245 + 4\,232 = 18\,099 (人次)$$

C 站上行下车客流量为

$$C_{\text{下}}^{\perp} = 2\,033 + 575 = 2\,608 (人次)$$

以此类推，计算结果如表 2-2 所示。

表 2-2　早高峰小时上、下车客流量与断面客流量　　　单位：人次

上行			车站	下行		
断面客流	上车	下车		下车	上车	断面客流
18 099	18 099	0	A	19 183	0	19 183
27 190	11 432	2 341	B	11 517	2 314	28 386
28 357	3 775	2 608	C	3 568	2 411	29 543
27 508	3 396	4 245	D	3 533	4 150	28 926
25 737	1 609	3 380	E	1 577	3 289	27 214
21 957	2 175	5 955	F	2 140	6 952	22 402
14 215	711	8 453	G	671	9 908	13 165
	0	14 215	H	0	13 165	

　　从表 2-2 中找出最大断面客流量，即下行 C—D 区间的断面客流 29 543 人次，以此作为该时段内的最大断面客流量，即早高峰小时最大断面客流量为 29 543 人次。

　　（2）计算全日分时最大断面客流量。根据图 2-6 计算全日分时最大断面客流量，计算结果如表 2-3 所示。

表 2-3　全日分时最大断面客流量

运营时间	最大断面客流量/人次	运营时间	最大断面客流量/人次
5:00—6:00	5 318	14:00—15:00	16 840
6:00—7:00	12 408	15:00—16:00	20 089
7:00—8:00	29 543	16:00—17:00	25 407
8:00—9:00	21 862	17:00—18:00	18 612
9:00—10:00	14 476	18:00—19:00	12 999
10:00—11:00	15 362	19:00—20:00	9 749
11:00—12:00	18 908	20:00—21:00	8 272
12:00—13:00	17 430	21:00—22:00	7 386
13:00—14:00	16 249	22:00—23:00	4 727

（3）计算分时列车开行数和分时行车间隔。根据全日分时最大断面客流量、列车定员人数、线路断面满载率计算分时列车开行数，然后再求出分时行车间隔，将计算结果向上取整，如表 2-4 所示。

表 2-4　分时列车开行数及行车间隔

运营时间	列车开行数/对	行车间隔	运营时间	列车开行数/对	行车间隔
5:00—6:00	4	15 分钟	14:00—15:00	10	6 分钟
6:00—7:00	8	7 分 30 秒	15:00—16:00	12	5 分钟
7:00—8:00	15	4 分钟	16:00—17:00	13	4 分 37 秒
8:00—9:00	13	4 分 37 秒	17:00—18:00	12	5 分钟
9:00—10:00	10	6 分钟	18:00—19:00	10	6 分钟
10:00—11:00	10	6 分钟	19:00—20:00	10	6 分钟
11:00—12:00	12	5 分钟	20:00—21:00	10	6 分钟
12:00—13:00	11	5 分 28 秒	21:00—22:00	5	12 分钟
13:00—14:00	10	6 分钟	22:00—23:00	3	20 分钟

（4）假设最大行车间隔不能大于 10 分钟，因此将上述计算的结果进行修正后，最终确定全日行车计划，如表 2-5 所示。

表 2-5　全日行车计划

运营时间	列车开行数/对	行车间隔	运营时间	列车开行数/对	行车间隔
5:00—6:00	6	10 分钟	14:00—15:00	10	6 分钟
6:00—7:00	8	7 分 30 秒	15:00—16:00	12	5 分钟
7:00—8:00	15	4 分钟	16:00—17:00	13	4 分 37 秒
8:00—9:00	13	4 分 37 秒	17:00—18:00	12	5 分钟
9:00—10:00	10	6 分钟	18:00—19:00	10	6 分钟
10:00—11:00	10	6 分钟	19:00—20:00	10	6 分钟
11:00—12:00	12	5 分钟	20:00—21:00	10	6 分钟
12:00—13:00	11	5 分 28 秒	21:00—22:00	6	10 分钟
13:00—14:00	10	6 分钟	22:00—23:00	6	10 分钟

从表 2-5 可以看出，该城市轨道交通全天线路开行列车 184 对，其中早高峰小时开行列车 15 对，行车间隔为 4 分钟，晚高峰小时开行 13 对，行车间隔为 4 分钟 37 秒。假设早高峰小时客流量（为各站上行上车客流量与下行上车客流量之和）占全日客流量的 20%，则全日客流量为 416 930 人次。

✏ **任务自测**

阅读以下背景资料，并解答相关问题。

（1）已知早高峰小时（7:00—8:00）A 站至 H 站之间的站间 OD 客流数据如表 2-6 所示，其中 A—H 为上行方向，H—A 为下行方向。

表 2-6　早高峰小时 A 站至 H 站之间的站间 OD 客流数据　　单位：人次

OD	A	B	C	D	E	F	G	H
A	—	3 260	22 000	1 980	1 626	2 104	3 245	4 232
B	2 100	—	21 900	2 330	1 320	2 282	2 603	3 112
C	5 800	4 900	—	3 220	281	761	959	1 587
D	5 420	4 100	3 200	—	153	665	940	1 638
E	1 556	1 253	322	158	—	143	426	1 040
F	3 100	2 337	662	691	162	—	280	1 895
G	4 191	3 109	816	956	448	388	—	711
H	3 560	2 918	1 569	1 728	967	1 752	671	—

（2）全日分时最大断面客流量分布比例参考图 2-6。

（3）列车编组辆数为 6 辆，车辆定员人数为 260 人次。

（4）线路断面满载率在高峰小时采用 110%，其他运营时间采用 90%。

根据上述资料，请依照任务实施中的案例编制全日行车计划。

行业知多少 ▶　　**大国重器　挑战不可能**

许多年前，我国城市轨道交通刚开始发展时，车辆、系统等很多关键设备都需要依靠进口。如今，中车长春轨道客运服务有限公司（以下简称中车长客）已带着"中国制造"的城市轨道交通列车走出国门，驰骋世界。

中车长客是中国高端装备制造业的代表，它的前身为铁道部长春客车厂，始建于 1954 年，是国家"一五"计划重点建设项目之一。长春客车厂作为共和国的"长子"，如今已经成长为全国最大的高速动车组和城市轨道交通产品的生产企业，其生产的产品自主化程度较高，行销全球。例如，以色列特拉维夫轻轨列车就是中车长客生产的具有完全自主知识产权的低地板列车，而且该列车还配备了全自动驾驶技术。

中车长客是中国城市轨道交通车辆的摇篮。1969 年，由中车长客研发生产的中国第一列城市轨道交通列车在北京开始运营，由此拉开了中国城市轨道交通车辆飞速发展的序幕。从 90 年代开始，我国地铁进入快速发展阶段。也是从 90 年代起，中车长客不断开拓国际市场，出口对象从发展中国家，一步一步迈向发达国家。2014 年，中车长客中标美国波士顿地铁项目，标志着我国城市轨道交通装备进入了国际高端市场。截至目前，中车长客的地铁已经出口到 20 多个国家和地区。

2018 年 9 月，具有完全自主知识产权的"下一代地铁"研发成功，它代表了我国地铁车辆的最高水平，车内就像"时光隧道"，可为乘客带来全新的智能乘车体验。乘坐在全自动驾驶的地铁里，乘客通过车窗的显示屏，可以清晰观看到时时滚动更新的商务、购物、生活及公交换乘等信息，还可以上网、看新闻、看视频，这让乘车变成了一种享受。

中车长客教授级高级工程师齐玉文说道："让我们很自豪的是，在世界城市轨道交通领域，我们列车的很多指标已经超越了国外。"

（资料来源：http://m.news.cctv.com/2019/05/12/ARTI70cAYgfd4nKCN8jUv07M190512.shtml）

项目学习效果综合测评

一、选择题

1. 下列不属于影响城市轨道交通通过能力因素的是（　　）。

　　A. 列车折返设备　　　　　　　B. 车辆段设备

　　C. 列车的大小　　　　　　　　D. 牵引供电设备

2. 下列不属于提高输送能力措施的是（　　）。

　　A. 将原来的列车编组辆数由 4 辆增加为 6 辆

　　B. 统一将某线路的列车换为新型大空间列车

　　C. 建设新线路，为超负荷线路分流

　　D. 拆除列车中的个别座椅，并安装扶手，供站立的乘客使用

3. 以下计划或方案中会受客流计划影响的是（　　）。

　　A. 全日行车计划　　　　　　　B. 列车运用计划

　　C. 列车运行方案　　　　　　　D. 以上都有

4. 下列不属于全日行车计划编制资料的是（　　）。

　　A. 全日分时最大断面客流量　　B. 运营时间

　　C. 线路断面满载率　　　　　　D. 全日列车开行数

二、填空题

1. 运输能力是城市轨道交通的重要参数，也是＿＿＿＿＿＿＿＿＿＿＿＿＿＿＿＿、
＿＿＿＿＿＿＿＿＿＿＿的重要影响因素之一。

2. 常用的提高城市轨道交通通过能力的措施有＿＿＿＿＿＿和＿＿＿＿＿＿两
种方法。

3. ＿＿＿＿＿＿是指处于定期检修状态的车辆；＿＿＿＿＿＿是为了完成日常客运任务而
配备的技术状态良好的车辆；＿＿＿＿＿＿是为应对临时或紧急运输任务，以及预防车辆突
发故障而配备的技术状态良好的车辆。

4. 大小编组方案是指在运营时间内＿＿＿＿＿＿＿＿＿＿＿的列车编组方案。其中，
在非高峰时段列车编组辆数＿＿＿＿＿＿＿，在高峰时段列车编组辆数＿＿＿＿＿＿。

5. 影响列车编组方案选择的主要因素是＿＿＿＿、＿＿＿＿＿、＿＿＿＿＿。

三、综合题

1. 列车运载能力如何计算？它有哪些限制因素？

2. 列车交路方案有哪些？各类交路方案有何优缺点？

项目 3

城市轨道交通行车管理

>>>>>>>

　　城市轨道交通行车管理是为了完成运输任务而开展的一系列与行车相关的工作，是城市轨道交通运营管理的中心工作。基于城市轨道交通行车密度大、行车间隔小、运量大的特点，行车管理工作应保持系统性、规范性、及时性，以便能为乘客提供安全、正点、高效、有序的运输服务。

班级＿＿＿＿＿＿＿　　　姓名＿＿＿＿＿＿＿　　　学号＿＿＿＿＿＿＿

🚄 项 目 工 单

请根据以下工单来学习本项目的内容，并总结自己的学习成果。

课程预习	☐	学习《城市轨道交通行车组织管理办法》《车站行车工作细则》《行车调度工作规则》
	☐	学习城市轨道交通行车调度相关工作内容
	☐	学习城市轨道交通行车组织相关工作内容
	☐	学习列车运行图的编制过程

知识学习	☐	熟悉《城市轨道交通行车组织管理办法》的主要内容
	☐	掌握《车站行车工作细则》《行车调度工作规则》的相关内容
	☐	掌握城市轨道交通行车调度的相关系统
	☐	掌握城市轨道交通行车调度的指挥方式
	☐	掌握 OCC 相关的行车组织工作
	☐	掌握车站、车辆段的行车组织工作
	☐	掌握列车运行图的编制知识

素质提升	☐	树立遵章守纪、严格执行规章制度的意识
	☐	具备汇总细节、掌握全局的能力
	☐	具备科学收集资料、客观分析问题的能力

技能测评	☐	能根据实际情况编制《车站行车工作细则》《行车调度工作规则》
	☐	能熟练掌握不同系统的行车调度工作
	☐	具备不同情况下对行车调度工作的指挥能力
	☐	能负责正常运营情况下的城市轨道交通行车组织工作
	☐	能为城市轨道交通编制合适的列车运行图

任务 3.1 城市轨道交通行车管理的相关规定

任务引入

　　2003 年 2 月 18 日，韩国大邱市地铁中央路站发生火灾，造成 198 人死亡，146 人受伤，298 人失踪。经调查，该火灾是人为纵火，事故发生时两辆列车上共有约 600 名乘客。除了人为纵火外，专家认为造成此次事故的主要原因还有以下几点：① 车站和车厢内安全装置不足；② 法律不健全，管理不力；③ 工作人员安全意识不强。特别是管理不力，直接导致另一辆列车进入已经失火的车站，更造成了伤亡人员增加。最终韩国警方公布，地铁工作人员未能采取适当措施处理紧急情况，是造成大量人员伤亡的最主要原因。

　　请思考：为了避免以上事件再次发生，在规章制度中可以编写哪些要求？

知识准备

　　对于城市轨道交通运营来说，行车安全永远是第一位。为了确保行车安全，相关部门有必要将有关工作的各个环节严格落实到规章制度中，来规范相关工作人员的工作流程，才能保证日常情况和突发情况下的行车管理工作有章可循、有据可依。

3.1.1 《城市轨道交通行车组织管理办法》

1. 基本要求

　　（1）城市轨道交通运营单位应统筹内部各专业部门，合理制订行车组织方案。

　　（2）运营单位应做好相关设备、设施的运行维护工作，确保它们能够按照最大设计能力稳定运行，以此来保障行车组织需要，充分满足客流需求。

　　（3）列车运行图的编制应以满足客流需求为导向，编制人员应综合考虑各类相关因素，有效发挥线路能力，经济合理地安排维修时间、运营时间等。

　　（4）城市轨道交通列车正常情况下应按双线、单方向组织运行。

　　（5）行车指挥层级自上而下分为线网监控级、线路控制级和现场执行级，下级服从上级指挥。

（6）行车调度命令是指挥列车运行的命令（运行揭示调度命令除外）和口头指示，只能由行车调度员发布。行车各相关岗位人员必须服从指挥，严格执行行车调度命令。

（7）行车调度员应根据信号系统具备的功能层级，由高至低使用相应的行车组织方法（如移动闭塞法、进路闭塞法、电话闭塞法等）。

2. 正常行车

（1）运营开始前，相关岗位的工作人员应确认施工核销、线路出清、设备状态等情况，并报告给行车调度员。行车调度员确认具备行车条件后，原则上应安排空驶列车限速轧道，在确认线路安全后，方可开始运营。

（2）运营单位应合理安排驾驶员工作时间，并配备酒精检测等设备对驾驶员的身体状态进行检查。通常，驾驶员单次值乘的驾驶时长不应超过2小时，连续值乘间隔不应小于15分钟。

（3）列车进站时，驾驶员应确认列车在车站指定位置停稳后方可开启车门及站台门；车门与站台门的关闭时间应相匹配。在列车启动前，驾驶员应通过目视或其他技术手段确认车门及站台门关闭，且两门之间间隙处无夹人夹物。

（4）车站行车值班员应做好日常行车监控。当遇到特殊情况时，行车值班员应根据调度命令，严密监控列车运行和站台情况，及时采取措施。

（5）发车时，车站行车值班员应确认发车进路与列车计划目的地一致。发车进路方向与计划不一致时，行车调度员应在确保安全的前提下取消原进路后重新办理正确进路。

（6）行车调度员应根据列车运行图组织列车退出，运营结束后应做好当日行车记录和相关统计分析工作。

（7）车辆基地应确保运用车状态良好，优先保障接发列车工作。

3. 非正常行车

（1）发生突发情况，行车调度员应及时发布调度命令，在保证行车安全的前提下尽可能维持列车运行。

（2）运营期间正线、辅助线发生设备故障，相关工作人员需进入行车区域、动用行车设备等影响列车运营时，由行车调度员向各单位发布抢修命令。各单位接到抢修命令后应在遵守安全规定，落实安全防护措施的前提下，尽快完成抢修工作，以恢复正常运营。

（3）因设施设备故障、重大施工等原因，部分区段需限速运行的，应由相关部门论证后提出限速运行方案。限速运行方案应明确限速区域、限速值、限速时段及起止时间，同时要提前报告行车调度员，由其发布限速及取消限速命令。同一区域存在多个限速要求时，应取最小限速值。

（4）列车自动保护系统失效时，驾驶员应及时报告行车调度员，行车调度员原则上应组织列车在就近车站清客后退出服务。

（5）列车停站越过停车标线、未超过可退行距离需退行时，驾驶员应退行列车。退行速度不应超过 5 千米/小时。

（6）列车因故需在区间退行或列车越过停车标线超过可退行距离确需退行时，驾驶员应及时报告行车调度员。行车调度员应扣停后续列车，在确认列车退行路径空闲且满足安全防护距离、道岔位置正确且锁闭后，方可发布退行命令，必要时应组织车站行车人员做好引导。推进退行速度不应超过 10 千米/小时，牵引退行速度不应超过 35 千米/小时。

（7）在区间单向线路封锁、发生自然灾害、事故导致中断行车，以及设备故障严重影响列车运行秩序而对向设备良好的特殊情况下，为维持线路运行，行车调度员可在对向线路组织单线双向行车，并做好列车的间隔控制工作。

（8）当接触网失电时，驾驶员应尽量维持列车进站并及时报告行车调度员。行车及电力调度员应组织设备维护人员及时排查处理，具备条件的应及时切换供电方式，必要时减少列车上线运行对数。

（9）地下和高架线路因设施设备故障等原因导致列车迫停区间需组织区间疏散时，行车调度员应扣停可能驶入受影响区域的列车，明确疏散方向，同电力、环控调度员共同组织该区间启动相应环控模式，通知迫停地点的车站做好乘客引导工作，并在邻站端门及疏散区间联络线等通道处安排人员监控。

（10）发现有明显震感或遭遇恶劣天气时，行车相关人员可根据情况采取加强瞭望、限速、停运、封站等应急处置措施，并及时引导乘客疏散。

3.1.2　《车站行车工作细则》

《车站行车工作细则》（以下简称《细则》）是车站行车组织工作的基本规章，是车站编制日常作业计划，执行接发列车作业、调车作业和各项技术作业，进行日常运输生产分析总结的主要依据。

1.《细则》的主要内容

（1）车站概况和技术设备：车站概况包括车站的位置、性质、等级和任务；技术设备包括股道、信号、联锁及闭塞、客运设备、自动售检票系统、通信系统、照明系统、供电系统等设备。

（2）日常作业计划及生产管理制度。

（3）车站行车组织工作：包括正常运营期间及非正常情况下车站行车组织办法。

（4）车站客运组织工作：包括正常运营期间及非正常情况下车站客运组织办法。

（5）特殊运输工作组织。

（6）施工计划的安排实施及运营前的多项准备工作。

（7）行车备品管理及行车簿册填写要求。

（8）设备故障时车站广播宣传的规定。

（9）列车与车辆技术作业过程及其时间标准。

2.《细则》的编制要求

（1）编制时应以《城市轨道交通行车组织管理办法》为依据，《细则》的具体条款不能与其相违背。

（2）编制时应从车站的实际出发，发挥现有设备的运用效能，提升限制运输能力的薄弱环节，不断提高列车的作业效率，扩大设备的运转能力，制订符合车站工作要求的细则。

（3）《细则》的编制内容应是《城市轨道交通行车组织管理办法》在车站工作的具体细化，以及补充。编制时应用合理的劳动组织推行作业标准化，做到各项作业的连续性、均衡性，最大限度地平行作业，减少各种等待、干扰时间，加速车辆周转，为乘客实现安全、正点、畅通、优质、高效的服务。

3.1.3　《行车调度工作规则》

行车调度是城市轨道交通运输组织指挥系统的中枢神经，为了保障城市轨道交通运营的安全与质量，确保运营生产的顺利实施，以及运营突发事件的抢险指挥与协调工作的及时展开，行车调度工作必须有一个科学的、统一的、行之有效的调度工作规程，即《行车调度工作规则》（以下简称《规则》）。行车调度员及相关工作人员必须认真学习，并严格执行。

1.《规则》的主要内容

（1）行车调度的组织机构、职责范围和工作制度。

（2）行车调度设备介绍。

（3）日常调度工作制度。

（4）调度命令的下达程序及要求。

（5）中央控制室 ATS 操作及故障处理。

（6）施工计划的安排实施及运营前的多项准备工作。

（7）非正常情况下的列车运行调整。

（8）列车运行图的编制规定。

（9）运行记录、图表相关的规定。

（10）运营数据的分析要求及信息传递流程。

（11）调度员的培训工作。

2.《规则》的编制要求

（1）编制时应以《城市轨道交通行车组织管理办法》为依据，《规则》的具体条款不能与其相违背。

（2）在行车调度工作中，《规则》应对调度工作具有指导作用，因此在制订时应该详细记录行车调度工作各个环节的具体要求。

（3）《规则》应根据线路、信号等设备的调整及时进行相应的修改，以便满足各种不同的工作条件。

任务实施

编制简易的车站工作细则

任务描述

通过对《城市轨道交通行车组织管理办法》的学习，了解有关部门对城市轨道交通行车管理工作的具体要求，然后根据其编制一份简易的车站工作细则。

任务目标

掌握查阅相关标准规范的能力，并具备严格按标准规范工作的意识。

任务内容

（1）学生自行组队，每队 3～4 人，并选出一名组长。

（2）学生以小组为单位，从网络上查阅《城市轨道交通行车组织管理办法》的具体内容，并认真学习。学习过程中需注意分析各部分内容对城市轨道交通行车组织管理的重要意义。

（3）根据《城市轨道交通行车组织管理办法》，按照实际工作中对行车组织的要求，小组内分工协作编制出一份简易的车站工作细则，并制作成 ppt。

（4）组长在班内演示本组制作的 ppt，并讲解编制思路。最后由老师根据各组的表现情况打分。

任务自测

完成以上任务后，请回答以下问题。

（1）城市轨道交通《车站工作细则》中主要包含了哪几部分？

（2）城市轨道交通《车站工作细则》需要哪些部门相配合才能顺利实施？

任务 3.2　城市轨道交通行车调度

任务引入

　　小李是一名行车调度员，主要负责线路的环控、防灾报警、设备监控、给排水及消防、照明等系统的调度指挥和运行管理工作。简单来说，就是车站里温度不合适、站内出现火灾报警、车站设备故障需要维修等问题，都需要她来指挥解决。

　　在工作时间内，她需要定时定点地查看电脑上的每一个系统，确认是否有状况发生。一旦发现问题，她需要在最快时间里发出指令、协调处理。

　　请结合已经学过的知识思考：城市轨道交通行车调度员还会负责哪方面的工作？

知识准备

3.2.1　行车调度的相关系统

　　城市轨道交通行车调度工作主要由运营控制中心（以下简称 OCC）负责，并采用列车自动控制系统、电子调度集中系统和人工调度指挥系统协同的方式对调度工作进行集中领导。

1. OCC

　　OCC 是城市轨道交通日常运输工作的指挥中枢，其基本任务是指挥协调与行车相关的各部门之间的工作，确保列车运行图实现，组织完成客运生产任务，保证行车和乘客的安全，努力提高运输效率，如图 3-1 所示，为某城市轨道交通线路的 OCC。

扫一扫
控制中心

图 3-1　某城市轨道交通线路的 OCC

为了全面地指挥和监督城市轨道交通系统的运营，OCC 一般实行分级管理。

分级管理是指将调度指挥机构分为两个指挥层级，二级指挥服从一级指挥。一级指挥一般包括电力调度员、行车调度员、环控调度员、维修调度员等；二级指挥（以行车调度为例）为车站值班站长、车辆段调度员和列车驾驶员等，如图 3-2 所示。各部门须根据职责任务独立开展工作，并服从值班主任的总体协调和指挥。

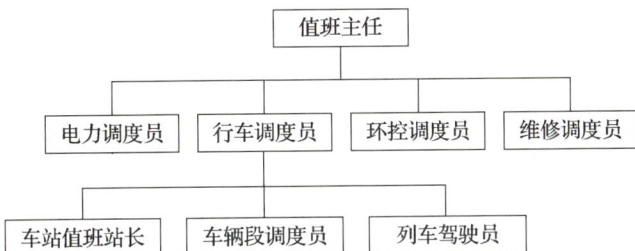

图 3-2　OCC 调度指挥机构

2. 列车自动控制系统

列车自动控制系统（以下简称 ATC）是以信息技术手段对列车运行方向、运行间隔和运行速度进行控制，以保证列车能够安全运行，提高列车运行效率的系统。通常，ATC 由列车自动保护系统（以下简称 ATP）、列车自动监控系统（以下简称 ATS）、列车自动驾驶系统（以下简称 ATO）组成。其中，ATP 强制规定了列车运行速度的上限，以保证相邻列车之间的安全行车间隔；ATS 监控列车的运行状态，可以自动调整列车按照列车运行图行车，尽可能减少列车晚点；ATO 可以自动计算列车驾驶方案，使列车在满足 ATP 和 ATS 要求的前提下平稳运行，实现列车自动停车。

3. 电子调度集中系统

电子调度集中系统是指由行车调度员控制，对列车的发到、折返、通过等作业进行远程监控和调整，从而实现行车调度指挥的遥信和遥控两大远程控制的系统，其构成如表 3-1 所示。

表 3-1　电子调度集中系统的构成

位置	设备种类
OCC	调度集中总机、运行显示屏、运行图绘图仪、传输线路、无线调度电话等
车站	调度集中分机、传输线路等
列车	无线调度电话、信息接收装置等

在使用电子调度集中系统时，线路区间会采用自动闭塞，车站会采用电气集中联锁，同时两者通过电缆连接至 OCC。这样，行车调度员就可以通过运行显示屏监控列车的运行情况，并利用调度集中总机直接对线路各处的列车进行调整安排。

> **提　示**
>
> 行车调度员是唯一的行车指挥者和操作者，车站一般不参与行车指挥工作，只是对有关作业进行监督。必要时，行车调度可由调度集中控制改为车站控制，即将列车运行进路排列权限下放给车站，由车站值班员操作。

4. 人工调度指挥系统

人工调度指挥系统是指调度员通过调度电话为车站值班员发布调度命令的系统，这一过程又称为电话闭塞法，通常在城市轨道交通信号系统发生故障的情况下使用。其指挥模式如图 3-3 所示，首先由车站值班员编制列车进路信息，并将其反馈给行车调度员；行车调度员按照信息通过调度电话给车站值班员和列车驾驶员下达调度指令；列车驾驶员根据调度指令改变列车运行状态，车站值班员根据指令检测列车运行状态，确保调度指令正常执行。

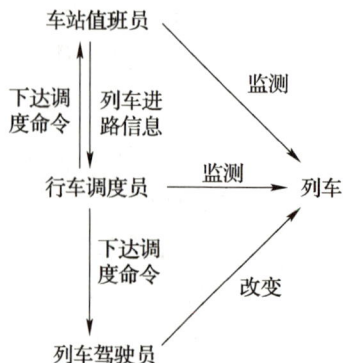

图 3-3　人工调度指挥系统的调度指挥模式

3.2.2　行车调度的指挥方式

由于城市轨道交通运行控制设备正逐步向自动化、远程化、计算机化的方向发展，行车调度工作也逐步由人工控制向自动控制方向发展。根据相关设备所提供的运行条件，行车调度的指挥方式可分为自动行车指挥、调度集中指挥及调度监督下的半自动行车指挥三种。通常调度员需要根据实际情况选择合适的调度指挥方式，以保证列车按列车运行图的规定运行。

1.　自动行车指挥

自动行车指挥是目前城市轨道交通行车调度采用的主要指挥方式，它是通过 ATP 来实现的。利用 ATP，行车调度员可以对列车进行自动指挥和自动运行监控，保护列车的运行安全。在正常情况下，ATP 能够根据列车运行图自动排列车站的接发车进路，但在遇到故障不能正常使用时，应采用调度集中指挥系统。

自动行车指挥可实现的基本功能如下。

（1）输入及储存多套列车运行图，并可以对列车运行图进行编辑修改，如通过基本时刻表或计划时刻表生成使用时刻表。

（2）自动或人工控制车站的发车表示器、道岔，并排列列车进路。

（3）对正线运行的列车实行自动跟踪，实时显示车站发车表示器、道岔的状态和进路占用情况。

（4）根据需要对控制权进行转换，如自动控制与人工控制的转换。

（5）绘制实际列车运行图，并收集数据生成列车运营统计报告。

（6）离线模拟或复示列车的在线运行，用于系统的调试、演示和人员培训。

2.　调度集中指挥

调度集中指挥是指在行车调度员的统一指挥下，利用行车设备对列车的发到、折返等作业进行人工控制及调整。

在进行调度集中指挥时，行车调度员可通过电子调度集中系统控制所管辖线路上的信号和道岔，来办理列车进路、组织和指挥列车运行，此时，列车由驾驶员控制。

调度集中指挥可实现的基本功能如下。

（1）所包含的微机联锁和电气集中联锁设备具备远程控制功能，可以从设备方面保证列车的运行安全。

（2）行车调度员可利用微机联锁或电气集中联锁设备转换道岔、排列进路、开放信号、指挥和调整列车运行。

（3）OCC 能实时显示车站信号机、道岔的工作状态，进路占用情况和列车运行状态等。

（4）绘制实际列车运行图和生成运营统计报告。

3. 调度监督下的半自动行车指挥

调度监督下的半自动行车指挥是指在行车调度员的统一指挥和监督下，由车站行车值班员操作车站微联锁设备、电气集中联锁设备或临时信号设备控制列车运行的指挥方式。在一些新建好的城市轨道交通线路的运营过渡期，由于信号系统未安装调试完毕，则会采用这种方式进行行车调度指挥；个别在信号设备完全安装好的条件下，当 ATS 设备发生故障时或在某些特殊情况下也可采取此种方式。

调度监督下的半自动行车指挥可实现的基本功能如下。

（1）由于车站信号控制系统具有联锁功能，可对进路排列、道岔转换、信号开放实行人工操作。

（2）实时反映进路占用情况、信号及道岔等的工作状态，进而对线路上的列车运行进行监护。

（3）储存信号开放时刻、道岔动作、列车运行等各类运行资料，并能根据需要调用。

3.2.3 行车调度的基本任务

扫一扫

行车调度员

为了保障城市轨道交通的正常运行，负责行车调度的相关部门应该完成以下基本任务。

（1）组织指挥各部门、各工种严格按照列车运行图的规定和要求行车，监督各站及各部门的执行情况，并及时、正确地发布有关行车的命令及指示。

（2）监督列车发到及运行情况，如果遇到列车晚点或突发事件，应及时采取运行调整措施，尽快恢复列车正常运行。

（3）根据客流变化及时调整运营计划，并指导车站及相关部门开展工作。

（4）编制及组织线路施工、维修的作业计划。

（5）负责工程车、调试列车等上线车辆的调度指挥工作。

（6）发生行车事故时，按照规定向相关部门和上级报告，并迅速采取救援措施，最大限度地减少对运营造成的影响。

（7）建立健全调度指挥、列车运营等各项工作的原始记录台账及统计、分析报表，并按照规定向上级主管部门报告。

任务实施

行车调度员的一天

任务描述

通过参观本地城市轨道交通的 OCC，了解行车调度员的工作内容。

任务目标

能实地体验行车调度员的工作状态，从而认识到行车调度员对整个城市轨道交通运营的重要意义。

任务内容

学生以小组为单位参观城市轨道交通行车调度员的工作环境，并在对方允许的条件下跟随其体验行车调度员的日常工作。在学习的过程中汇总调度员每时每刻的工作内容，并将其记录在表 3-2 中。

表 3-2　行车调度工作记录表

时间	工作内容

任务自测

体验行车调度员的工作后，请回答以下问题。

（1）行车调度员在整个城市轨道交通运营工作中处于什么地位？

（2）为了能做好一名合格的行车调度员，应该具备哪些品质？

任务 3.3　城市轨道交通行车组织

任务引入

　　某列车按照列车运行图到达车站后，计划等待 36 秒供乘客上下车。但是在发车时，其屏蔽门不能正常关闭，相关工作人员经过多次调试后，终于将故障排除。在解除故障时，站台工作人员、行车值班员、值班站长、驾驶员等各司其职、配合工作，以最快的响应解除了该故障，将此次故障对整个线路运行的影响降到了最低。

　　请思考：发生故障会对城市轨道行车组织造成哪些影响？解决不同故障需要哪些部门的相关工作人员配合解决？

知识准备

　　正常情况下的行车组织工作是指在设备正常及客流稳定的情况下，列车的运行实现自动控制。行车组织工作包括列车进出车辆段、正线列车运行组织、车站接发列车三部分，由 OCC、车站和车辆段三地协调完成。其中，OCC 负责统一指挥，车站和车辆段为二级调度单位。

3.3.1　OCC 行车组织的工作内容

1. 运营前准备

　　运营前，行车调度员首先需要检查前一晚所有的维修、施工及调试作业是否完毕，线路巡视工作是否完成，在确认线路符合行车条件后进行下列运营前的准备工作。

1）试验道岔

　　行车调度员需通知各联锁站的行车值班员试验道岔，确定有关道岔处于正确位置并能正常运行。如果发现道岔不能正常使用，应及时通知维修调度，并派人检查抢修。

2）检查和准备

　　行车调度员需检查行车值班人员到岗情况、站台是否有异物侵入限界、行车设备是否正常、备品是否齐全完好、各类车辆的安排及驾驶员配备等情况。行车调度员检查完毕后，应于规定时间内通知电力调度员为牵引系统送电。同时，行车调度员还需要按车辆段调度员提供的当日上线列车及备用车信息，编辑动态组以便调度。

3）装入列车运行图

由于城市轨道交通会根据客流规律使用分号运行图，故行车调度员需要提前在系统上装入当天使用的列车运行图，并检查其是否有效。

> **提　示**
>
> 通常，城市轨道交通运营部门都会编制至少两个列车运行图，即工作日运行图和周末运行图，个别城市轨道交通运营部门还会编制节假日运行图。

4）核对时钟时间

行车调度员、电力调度员与各车站、各变电站工作人员核对日期和时钟时间（对表）。除了核对时钟时间，行车调度员还应与车辆段派班员还应核对服务号、注意事项等。

5）核对列车出库计划

行车调度员与车辆段调度员应根据当日列车运行图，核对列车出库计划是否制订准确。

6）开行首班车

行车调度员应特别注意首班车的开行时间，严格按照列车运行图组织行车，按时开出，避免晚点发车。

2. 运营期间

运营期间，行车调度员应充分使用各项调度指挥设备，组织指挥列车按照列车运行图安全、正点运行，尽量均衡在线列车的列车间隔。具体工作有以下几点。

1）监控列车运行

行车调度员通过模拟显示屏，掌握调度区域范围内的信号系统设备（如轨道电路、信号机等）状况、列车占用线路情况、各次列车运行位置等。必要时，可人工介入进行列车调整。如发现列车车次变化，可通过系统予以改正。

2）监视各站情况

通过监视器监视各车站的站厅、站台情况，发现异常可进行录像分析。

3）与相关部门进行信息沟通

行车调度员应运用调度电话与车站值班员、车辆段调度员、运转值班队长时刻保持联系，发布调度命令，实现对列车运行的调度指挥。

> **提　示**
>
> 在日常工作中，为了确保进行安全、高效的调度指挥，行车调度员应提高沟通技巧，确保调度指令能够迅速准确地下达和执行，同时必须使用标准用语。

4）调整列车运营

由于各种因素的影响，列车在运行过程中可能与列车运行图存在偏差。通常，城市轨道交通的相关系统都具有列车运行图的自动调整功能，调整时由于受车辆性能、线路条件及站停时间等因素的制约，往往不可能一次性调整到位，会采取弹性的调整策略，通过改变前后多趟列车的运行状态，逐步消除当前列车的运行偏差对系统总体的影响。但是，当偏离误差较大时，可由行车调度员人工调整。

3. 运营结束后

运营结束后，行车调度员要对当天的行车工作进行分析、总结，除了要打印当日计划和实际列车运行图外，还要进行以下几个方面的工作。

1）编写运营情况日报表

行车调度员应尽可能详细记录运营情况日报表，以便收集运营数据，供未来客流预测、设备升级等使用。

> **知识拓展**
>
> 运营情况日报表的主要内容包括：当天完成的客运量、列车开行情况、列车兑现率及正点率、月度累计指标；运用车数量及投入使用列车数；列车加开、停运及中途退出服务的情况；客运服务情况，包括事故、故障和列车运行延误及处理；有关工程列车、试验列车运行方面的信息等。

2）组织施工计划的实施

根据施工计划及施工申请，行车调度员应通知电力调度员对需要停电区段的接触网停电，并在符合施工要求后，批准开始施工。施工作业完毕后，应确认人员出清，同意办理销点。

> **知识拓展**
>
> 城市轨道交通施工现场空间狭小，施工难度较大，存在着较多的安全风险因素，所以要充分加强对施工现场安全的监控和管理，组织相关人员进行定期的检查，充分落实安全防范措施，才能有效的保障施工的安全和可靠。通常，施工过程中应注意以下几点。
>
> （1）做好前期的准备工作。
>
> （2）搞好施工临时用电管理。
>
> （3）抓好地铁施工现场的消防工作。
>
> （4）加强安全监测与安全教育工作。
>
> （5）加强安全管理力度。

3）统计运营指标

运营指标主要包括列车运行情况、客运量、工程车及调试列车数量、检修施工作业情况、用电量及设备故障情况等内容。行车调度员可使用专门的计算系统对以上内容进行自动统计。

3.3.2　车站行车组织的工作内容

车站是乘客乘降列车的主要场所，同时还是城市轨道交通系统行车组织的二级调度所在，其主要任务是在行车调度员的指挥下完成接发列车工作，保证列车按照列车运行图安全、正点地运行。

车站的行车指挥系统一般设有值班站长、行车值班员及站台员等岗位。值班站长负责全站行车组织、客运组织的指挥工作；行车值班员主要负责监控列车运行、接收调度命令、按调度要求组织行车，以及监控车站内设备的状态；站台员主要负责监控列车的发到情况，组织乘客上、下车，监控设备及处理设备故障。

1. 运营前准备

运营前，车站应在规定时间根据《施工登记表》检查前一晚站内所有的维修施工及调试作业是否完毕及销点，线路巡视工作是否完成，确认线路出清并符合行车条件后，进行下列运营前的准备工作。

1）试验道岔

各联锁站的行车值班员按照行车调度员的要求试验道岔。试验完毕将控制权交回行车调度员。如果发现道岔不能正常使用，应及时通知维修调度员派人来检查抢修。

2）检查和准备

值班站长主要检查车站值班人员到岗情况，站台员检查站台轨行区是否有异物侵入限界，屏蔽门开关状态是否良好。

2. 运营期间

运营期间，值班站长必须服从行车调度员的统一指挥，执行行车调度员命令。正常情况下，车站的行车组织主要包括首班车组织、列车接发作业、列车折返作业及末班车组织等几个方面。

扫一扫

首班车的发车

1）首班车组织

开行首班车前，车站各岗位工作人员要准时开门、开启扶梯及照明、巡视车站等。在首班列车发车前的规定时间内，开始向乘客广播第一列车的到达时间及注意事项。

2）列车接发作业

若列车运行采用自动控制，除了进行站台客流的疏导和列车运行监控外，车站基本不

参与组织行车。此时，列车以规定速度进站，车站不显示接车信号，原则上也不办理接发列车作业。值班站长需根据列车所处状态播放录音广播，做好乘客服务工作，监视站台乘客候车秩序，以确保站台安全。

若列车运行采用半自动控制，则由行车值班员操作车站微机联锁设备、电气集中联锁设备或临时信号设备控制列车运行。为保证列车运行安全，车站需要办理接发车手续。

> **提　示**
>
> 　　城市轨道交通车站接发列车的一般程序为：办理闭塞、布置与准备进路、排列进路、接送列车、车站报点五个步骤。具体接发列车作业程序与信号联锁设备及其状态有关。

3）列车折返作业

列车折返作业主要分为自动控制和车站控制两种。列车在进行折返作业前，应清客、关车门。

当列车自动驾驶时，列车进出折返线的速度按接收到的ATP速度码自动控制；当列车人工驾驶时，列车进出折返线的速度根据有关规定，由驾驶员人工控制。如果遇到特殊情况需要变更折返模式，可在折返作业未启动时通知驾驶员来变更。

4）末班车组织

车站在末班车开出前应在规定时间内开始广播，通知停止售票和进站检票工作，相关工作人员检查、确认付费区内乘客均已上车，并确认无异常情况后才能向驾驶员显示发车信号。在末班车离开车站后，相关工作人员应即时清客，关闭车站出入口和扶梯，并设置车站省电照明模式。

3. 运营结束后

运营结束后，车站主要负责组织施工计划的实施，办理施工请销点手续，确认相关工作人员进出轨行区及出勤情况。

3.3.3　车辆段行车组织的工作内容

车辆段是城市轨道交通车辆停放的基地，主要承担轨道交通车辆的停放、列检、清扫、洗刷、维修、保养等任务。

车辆段内的行车指挥部门为车辆段控制中心，它是城市轨道交通系统行车组织的二级调度，主要负责组织列车出入段，实施客车的转轨、取送、检修和调试，以及车辆段内行车设备的检修维护等工作。

车辆段内的作业应以接发列车为优先，其他作业不能影响列车出入段，接发列车应灵活运用线路，做到不间断接车、准点发车、减少转线作业，备用车应停放在便于出车的轨道上。

1. 列车出车作业

列车出车作业主要包括编制发车计划、驾驶员出勤、列车出库与出段等。

1）编制发车计划

发车计划由车辆段调度员根据列车运行图、检修车安排、车辆段线路存车情况等编制，内容包括列车车次、待发股道、运用车编号等。编制发车计划时，应避免交叉发车，并保证列车出库顺序无误。发车计划编制完毕后，除了将计划下达给信号楼值班员外，车辆段调度员还应该将计划中的列车车次、车号，有无备用车，备用车车号等内容上报给行车调度员。

2）驾驶员出勤

驾驶员应在充分休息的情况下出勤，按规定时间在规定地点办理出勤手续，领取相关物品。在办理出勤手续时，应检查列车状态是否符合有关规定，然后由车辆段调度员签字确认。除此之外，还需要仔细查看行车告示牌上的行车命令、指示和安全注意事项，以及本次列车出车轨道，听取车场调度员传达的事项。

3）列车出库与出段

列车启动前，驾驶员应确认信号开放与库门开启正常，并注意平交道口是否有人员、车辆穿越。当规定的出库时间已到而出库信号仍未开放时，驾驶员应询问信号楼值班员，联系不上时可通过车辆段调度员询问。

正常情况下，列车经由出段线出段。当出段线设备出现故障时，列车也可以由入段线出段，但应得到行车调度员的许可。信号楼值班员在该情况下办理发车作业时，应确认发车线路空闲，并及时叫停影响发车进路的调车作业。

2. 列车收车作业

列车收车作业包括列车入段、段内作业两部分。

1）列车入段作业

正常情况下，列车经由入段线入段。在设备故障或检修施工时，列车可以由出段线入段，但应得到行车调度员准许。信号楼值班员在办理接车作业时，应确认接车线路空闲，停止影响接车进路的调车作业。

2）段内作业

列车进入车库停稳后，驾驶员应对列车进行检查，在确认列车无异常后携带列车钥匙、驾驶员报单及其他相关物品办理退勤手续，然后汇报当日工作情况，并听取次日工作安排与注意事项。在发现列车技术状态不良时，驾驶员应向车辆段调度员报告并在有关报表中详细记录。此外，车辆段调度员还应对当日列车故障与安全情况进行统计。

3．列车整备作业

列车整备作业包括车辆清洗、车辆检修及车辆验收3个部分。

1）车辆清洗

车辆清洗包括车辆内部和车身的清洗，它应根据清洗计划进行。车辆清洗计划应下达给信号楼值班员、调车驾驶员、调车员及其他相关人员。列车清洗时的动车按调车作业办理。

2）车辆检修

车辆回段停稳、收车后，如无清洗等其他作业，车辆段调度员应及时与检修部门办理车辆交接手续。未办理交接手续、未经车辆段调度员同意，检修部门不得擅自对车辆进行检修作业。正在进行检修作业的车辆，未经检修负责人同意，车辆段调度员不得擅自调动，无关人员更不得擅自动车。

时代楷模

以平凡的劳动造就不平凡的业绩

在青岛地铁里，有这样一支训练有素的技师队伍，他们被亲切地称为"地铁医生"，青岛地铁运营分公司车辆部工程车检修工尹星就是其中的一位。

在同事们眼中，尹星是出了名的严谨仔细，小到一个螺丝帽松动，都逃不过他的眼睛。每次检修完毕，他必须要对整车1 000多个螺丝都检查一遍，看看是否有松动或者脱落。因为即使只有一个螺帽松动了，掉落在轨道上，都会对线路上的车辆运行安全造成致命的威胁。

扎实的业务基础和坚持学习的品质，让尹星逐步锻炼成长为技术高超的技能人才。2016年，尹星获得了"青岛市首席技师"称号。也是在这一年，尹星承担起牵头搭建技师工作站的重任。他积极组织重大设备改造及专用设备制造，主导实施20余项技术创新成果。2018年，青岛地铁集团尹星技师工作站正式成立，尹星作为领办人，还同时组织申报了齐鲁技能大师特色工作站。

从普通检修工，到青岛地铁首席技师，再到"省劳模"，24年来尹星埋头钻研、敢于创新、不断进取，成为地铁技工行业中的佼佼者。这些年来，他申请国家实用型专利5项，参与完成科技创新项目，还填补了国内城市轨道交通行业轨道车安全防护设备的空白。

尹星以持之以恒、艰苦奋斗的态度，在平凡的岗位上发光发热，向我们完美地诠释了什么是伟大的劳模精神。劳模精神丰富了民族精神和时代精神的内涵，是我们极为宝贵的精神财富。

3）车辆验收

信号楼接到检修部门移交的车辆后，应指派专人对车辆技术状态进行检查，确认车辆技术状态符合正线运行要求后方能接收投入使用。

4. 调车作业

1）调车计划的编制、下达

调车作业计划是由车辆段调度员根据调车作业内容编制的书面计划，它需要下达给信号楼值班员、调车组长，然后由调车组长下达给调车驾驶和调车员。

2）调车计划的布置和变更

参与调车作业的人员应人手一份调车作业通知单，确认具备调车条件后，应在调车信号机或调车手信号的要求下进行调车作业，并严格执行调车的有关规定。若下达调车计划后不超过三小时需要变更，则车辆段调车员可用口头方式布置，但必须先停止作业，向有关人员传达清楚，复诵核对正确后再重新开始作业。

⟟ 任 务 实 施

模拟首班列车的运行组织

☀ 任务描述

通过模拟首班列车从发车运行到运营结束的过程中，各个部门所负责的工作，从而掌握正常情况下的行车组织流程。

☀ 任务目标

能够按照标准工作流程进行行车组织，提高统筹协调的能力。

☀ 任务内容

（1）学生自行组队，每队至少 5 人，并选出 1 名组长。

（2）组长分别指派出负责 OCC、车站、车辆段行车组织的人员。

（3）组长带领组员总结出首班车从车辆段驶出，经历 3 个车站到达终点站结束运营这个过程中，各个环节需要负责的工作，并将其简略填入表 3-3 中。

表 3-3　列车运行时各环节工作内容

时间	部门	工作内容	备注
运营前准备	OCC		
	车辆段		
	车站		
运营期间	OCC		
	车辆段		
	车站 1		
	车站 2		
	车站 3		
运营结束后	OCC		
	车辆段		
	车站		

（4）组长带领组员根据表 3-3 模拟首班列车的运行组织。

☀ 任务自测

完成以上任务后，通过查阅资料，请回答以下问题。

（1）城市轨道交通运营过程中首班列车与非首班列车的工作安排有何异同？

（2）请思考：以上的行车安排在任何情况下都适用吗？

任务 3.4　列车运行图的编制

任务引入

2020 年初，北京地铁公司以"满载率控制在 50% 以内"为标准、最新的客流数据作为"基石"，准确把握每条线路不同的特点，"量身定制"出最适合各线路特点的超常、超强列车运行图。

在绘制列车运行图的过程中，为了突破技术壁垒，将北京地铁的运输能力最大化，编制团队仔细研究了哪个断面应该加车、哪里应该折返、哪里客流比较少可放空一些车、如何把一条线路能用上的资源全部用上等等一系列问题。最终经过不懈努力为北京地铁各线路编制了超常超强的列车运行图，并在最短的时间内组织各部门认真解读和学习，迅速应用于十多条线路。

请思考：在编制列车运行图时，需要考虑哪些问题？

知识准备

列车运行图是行车组织工作的基础，它规定了各次列车占用区间的顺序，在区间的运行时间，在车站的到达、出发或通过的时刻，在车站的停站时间和在折返站的折返作业时间，出入车辆段的时刻，以及列车交路情况等。列车运行图能直观地显示出各次列车在时间和空间上的相互位置和对应关系。

3.4.1　列车运行图概述

1. 列车运行图的图解

列车运行图是运用坐标原理表示列车在各车站和区间运行计划的一种图解形式，它由时间线、站名线、列车运行线、列车车次和运行时刻组成。

1）时间线

时间线是指列车运行图中的竖线。将横轴按一定比例（如 1 分钟、2 分钟、10 分钟等）用竖线划成等份，代表不同的分钟和小时，通常分钟格线以细线表示，小时格线以粗线表示。一般城市轨道交通列车运行图采用 1 分格（即以 1 分钟为比例），其中，5 分格以虚线表示，10 分格和小时格以粗线表示，如图 3-4 所示。

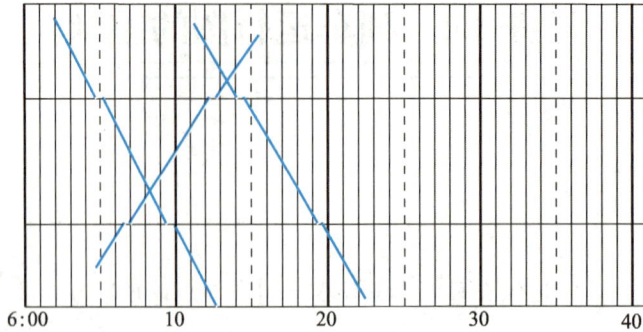

图 3-4　列车运行图中的时间线

2）站名线

站名线是指列车运行图中的横线。根据区间实际运行时间或区间实际里程，将纵轴按一定的比例用横线加以划分，以车站中心线位置进行距离定点表示站名线。

3）列车运行线

列车运行线是指列车运行图中的斜线。根据列车在各站的到达、出发或通过的时刻铺画列车运行线，即为列车运行的近似表示。列车运行线分为上行线和下行线，我国城市轨道交通运营单位普遍采用的运行图中，由左下方向右上方倾斜的列车运行线为上行线，由左上方向右下方倾斜的列车运行线为下行线。

4）列车车次

通常在列车运行图中，列车车次由 7 位数组成，包括列车服务号（3 位）、目的地码（2 位）、行程号（2 位）。

5）运行时刻

在列车运行图上，列车运行线（斜线）与站名线（横线）的交点即为列车到达、出发或通过的时刻。由于城市轨道交通行车间隔较小、停站时间较短，因此一般不在列车运行图上标注列车的发到时刻。

2. 列车运行图的分类

1）按照区间正线数目分类

按照区间正线数目，列车运行图可分为单线、双线及单双线运行图。其中，单线运行图和双线运行图比较常见。

（1）单线运行图。

如图 3-5 所示为单线运行图的一般样式。在单线区段，上下行方向列车都在同一正线上运行，因此，两个方向的列车必须在车站上进行交会。在城市轨道交通系统中，单线运行图使用较少，通常只在非正常情况下调整列车运行时采用。

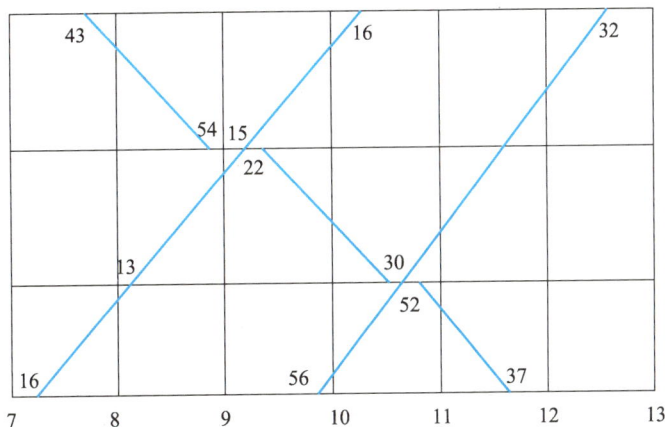

图 3-5　单线运行图

（2）双线运行图。

在双线区段或线路，上下行方向列车在各自的正线上运行。因此，上下行方向的列车运行互不干扰，在车站或区间均可交会。城市轨道交通系统一般均设置双线，采用双线运行图，如图 3-6 所示。

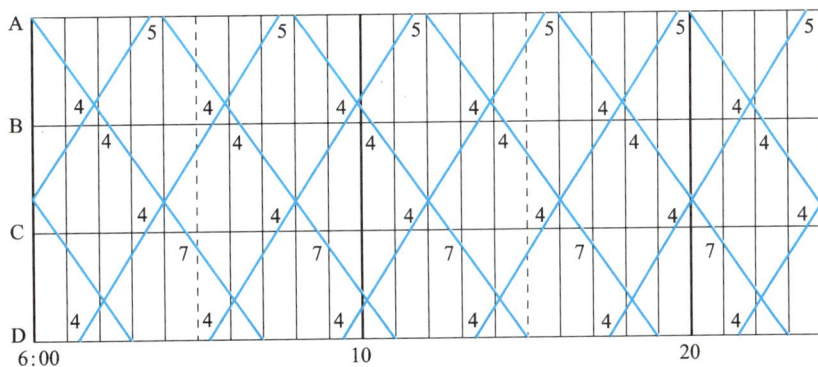

图 3-6　双线运行图

2）按照上下行方向列车数目分类

按照上下行方向列车数目，列车运行图可分为成对运行图和不成对运行图。为了提升列车的利用率，常见的运行图为成对运行图。

（1）成对运行图。

成对运行图是上下行方向的列车数相等的运行图，如图 3-7 所示。

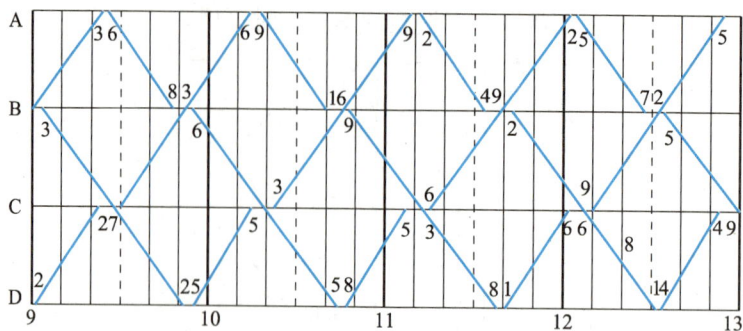

图 3-7　成对运行图

（2）不成对运行图。

不成对运行图是上下行方向的列车数不相等的运行图，如图 3-8 所示。

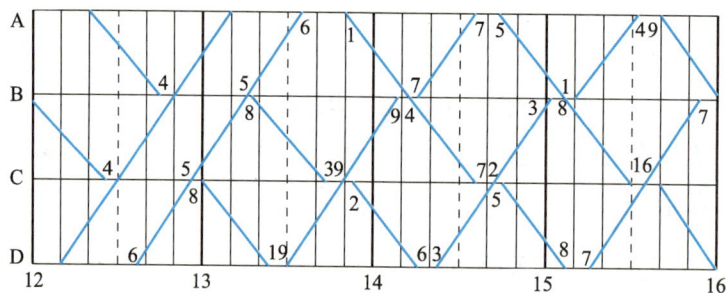

图 3-8　不成对运行图

3.4.2　列车运行图的编制要求

列车运行图的编制应符合以下要求。

（1）确保行车安全。列车运行图应符合各种行车规章的有关规定，严格遵守行车作业程序和时间标准。

（2）合理运用设备。列车运行图应充分利用线路的通过能力，达到运力与运量的匹配，在满足客流需求的同时，提高满载率和运行速度。

（3）优化运输产品。列车运行图应合理规定列车的到达、出发时刻，合理规划停站时间，缩短乘客出行时间。此外，列车运行图的编制还应注意与其他交通运输工具的相互衔接配合。

（4）配合车站工作。列车运行图应安排列车均衡交错到达换乘站，使车站作业能力比较均衡。

3.4.3　列车运行图的编制步骤

列车运行图的编制由运营管理部门负责组织，一般经过以下步骤完成。

（1）按要求和编制目标确定编制列车运行图的注意事项。

（2）收集编图资料，对有关问题组织调查研究和试验。编图资料主要有运营时间、全日分时最大断面客流量、全日行车计划、列车开行方案、运用车辆数、线路通过能力和车站折返能力、列车出入段能力、车站换乘能力、车站存车能力等，以及对现行列车运行图的分析等可以影响列车运行时间或为编制列车运行图提供参照的各种资料。

扫一扫

列车运行图的编制

（3）编制列车运行方案。相关工作人员在编制列车运行方案时，应尽量将方便乘客、经济合理地使用车辆作为前提，并在此基础上努力协调好列车运行与车站客运作业及车辆段相关作业。

（4）征求调度部门、行车和客运部门、车辆部门意见，进行必要调整。

（5）根据列车运行方案，编制详细的列车运行图、列车运行时刻表和编制说明。

（6）除编制基本运行图外，为了适应客流量波动和人工驾驶需要，还应编制双休日运行图、节假日运行图、大型活动运行图、人工驾驶运行图等分号运行图。

（7）列车运行图编制完成后，必须对列车运行图进行全面的质量检查。检查的主要内容有：列车运行图上编制的列车数和折返列车数是否符合要求；列车运行线的编制是否符合规定的各项作业时间标准；换乘站的列车发到密度是否均衡；列车乘务员的工作和休息时间是否符合规定的时间标准等。

（8）通过检查确认列车运行图满足规定的要求之后，还要计算与之相关的各项指标。

（9）将编制完毕的列车运行图、列车运行时刻表和编制说明报有关部门审核批准执行。

3.4.4　列车运行图指标的计算

列车运行图指标主要包括总开行列车数、技术速度、旅行速度、乘客输送能力、高峰小时运用车辆数、全日车辆总走行公里数、车辆日均走行公里数、车辆全周转时间、行车间隔、满载率。

1. 总开行列车数

列车在运营线路上开行一个单程，无论是全程行驶还是短交路往返，都统计为开行的列车。总开行列车数应按列车种类和上下行分别计算，相应的计算公式为

$$总开行列车数 = 载客列车数 + 空驶列车数$$

2. 技术速度

技术速度是指列车在线路上的运行速度。它是列车单程运行距离与列车单程运行时间和列车停站时间之差的比，相应的计算公式为

$$V_{技} = \frac{L}{t_{运} - t_{停}}$$

式中：

$V_{技}$——技术速度（千米/小时）；

L　——列车单线运行距离（千米）；

$t_{运}$——列车单程运行时间（小时）；

$t_{停}$——列车停站时间（小时）。

3. 旅行速度

旅行速度是列车在营业时间内走行的公里数与完成走行公里所消耗的时间之比，完成走行公里所消耗的时间包括纯运行时间、启停车附加时间和停站时间，相应的计算公式为

$$V_{旅} = \frac{\sum nL}{\sum nt}$$

式中：

$V_{旅}$　　——旅行速度（千米/小时）；

$\sum nL$——在运营时间内走行的公里数（千米）；

$\sum nt$——完成走行公里所消耗的时间（小时）。

4. 乘客输送能力

乘客输送能力的计算公式为

乘客输送能力＝旅客列车开行列数×列车定员人数

5. 高峰小时运用车辆数

高峰小时运用车辆数应按照早高峰和晚高峰分别计算，相应的计算公式为

$$N = \frac{n_{高峰}\theta_{列}m}{3\,600}$$

式中：

N　——高峰小时运用车辆数（辆）；

$n_{高峰}$——高峰小时开行列车数（对）；

$\theta_{列}$——列车周转时间（秒）；

M　——列车编组辆数（辆）。

6. 全日车辆总走行公里数

全日车辆走行公里数是指轨道运输车辆为运输乘客在运营线路上走行的公里数,包括图定列车在中途清客或列车在少数车站通过后仍继续载客的车辆空驶里程,相应的计算公式为

$$全日车辆总走行公里数 = \sum(列车开行数 \times 列车编组辆数 \times 列车运行距离)$$

7. 车辆日均走行公里数

车辆日均走行公里数是指每辆运用车每天平均走行的公里数,相应的计算公式为

$$车辆日均走行公里数 = \frac{全日车辆总走行公里}{全日运用车辆数}$$

其中,全日运用车辆数可采用早高峰小时的运用车辆数。

8. 车辆全周转时间

车辆全周转时间是指车辆在营业线路上完成一次周转所消耗的时间(不包括回库、检修等时间,含区间运行时间、停站时间、两端站折返时间等),相应的计算公式为

$$车辆全周转时间 = \frac{全日营业时间 \times 运用车组数}{全日车辆运用数}$$

9. 行车间隔

行车间隔是指列车更替时间,即两列同方向载客列车的间隔时间,可分高峰时段和非高峰时段分别计算,相应的计算公式为

$$I = \frac{T_{周}}{N_{运用}}$$

式中:

I　——行车间隔(分/列);

$T_{周}$　——列车运行周期(分钟);

$N_{运用}$　——运用列车数(列)。

10. 满载率

满载率又称运能利用率,它用来表示车辆客位的利用程度。编制列车运行图时,既要保证一定的列车满载率,使输送能力得到充分利用,又要留有一定余地,以应付某些不可测因素带来的客流量波动。相应的计算公式为

$$满载率 = \frac{实际载客量}{列车定员人数} \times 100\%$$

3.4.5　编制列车运行图的注意事项

通常在编制列车运行图时会使用专业的计算机软件进行编辑，常见的工作界面如图 3-9 所示。虽然计算机编图可以节省人力物力，而且图形美观，但是还应注意以下几点。

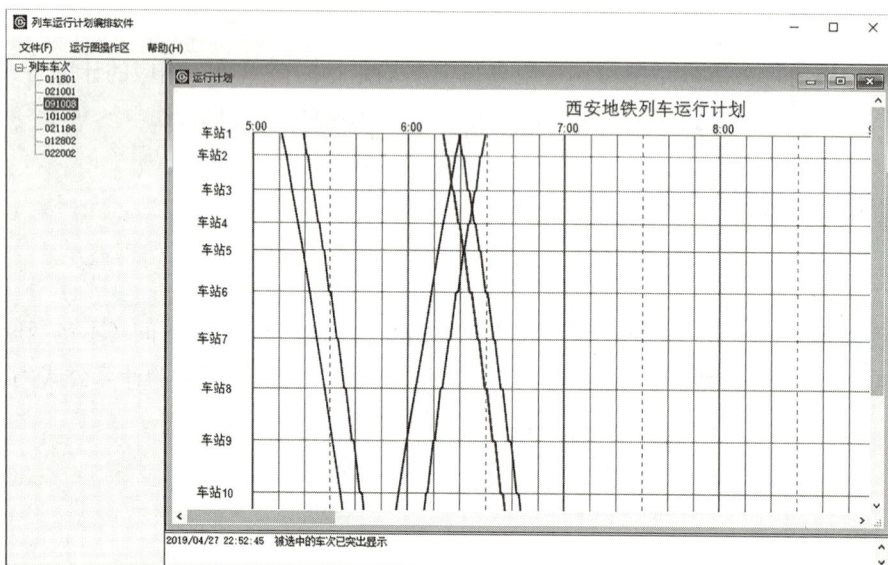

图 3-9　计算机编图界面

（1）在行车密度较大时，要注意运营中途上线列车与终点站折返列车的时间分配，确保高效率而无冲突，可以通过计算机系统检查来保证安全。

（2）在编制列车运行图的过程中，要考虑列车出库进入正线的时间。对于有些城市轨道交通线路，列车需要按运行计划提前 2 分钟进入转换轨进行测试。因此，在编制运行图时，要预留列车进入正线的时间，不同线路的预留时间需要在实际测试后确定，以保证驾驶员的作业时间。

（3）由于城市轨道交通行车间隔小、密度大，一般情况下不具备在运营过程中施工的条件，施工作业在停运后才能安排。因此在编制列车运行图时，要保证施工作业有充足的时间，确保行车与施工两不相误。

（4）在编制列车运行图时，应在低、平峰时段预留一两个调试列车车次运行的时刻，以保证故障车辆恢复后能及时在正线上测试，充分利用运营条件。

（5）通常情况下，折返站的折返能力是限制全线通过能力的关键，因此，在编制列车运行图时，在行车安全、信号设备功能允许的前提下，要尽可能地安排平行作业，充分利用设备能力，提高折返线的作业效率。

（6）在编制列车运行图时，既要保证一定的列车满载率，又要留有一定的余地，以应付某些不可预测因素带来的客流波动，同时也要考虑乘客的舒适水平。一般情况下，列车满载率要控制在 90%以下。如果客流较大，列车满载率超过 90%时，应考虑增加在线运用车数量，缓解客流组织压力。

（7）对于客流分布比较均匀的线路，在编制列车运行图时，适合选用大交路运行；对于客流呈纺锤体分布的线路，适合选用大小交路套跑运行。

任 务 实 施

学会绘制列车运行图

任务描述

通过对简单列车运行图进行图解分析，从而学会列车运行图的绘制方法。

任务目标

掌握列车运行图的方法，能够详细说明列出运行图中各点的实际意义。

任务内容

某轻轨线路 A—G 区间的分布及计算资料如下（上行方向为 A—G，反之为下行方向）。

（1）各站停站时间如表 3-4 所示。

表 3-4 各站停站时间   单位：秒

地点	A	B	C	D	E	F	G
停站时间	60	60	30	30	30	30	60

（2）各区间运行时间如表 3-5 所示。

表 3-5 各区间运行时间   单位：分钟

区间	A—B	B—C	C—D	D—E	E—F	F—G
运行时间	2	3	2	3	2.5	3
区间	G—F	F—E	E—D	D—C	C—B	B—A
运行时间	3	3	2.5	3	2	3

（3）其他信息。该线路为环线，列车不需折返，且为双线运行。上午运营时间为 6:00—12:00，其中 7:00—9:00 为高峰时段，行车间隔为 3 分钟，平时的行车间隔为 5 分钟。

（4）请在图 3-10 中画出首班车的运行情况（首班车于 6:00 从 A 发出）。

（5）若从 G 到 A 需要运行 5 分钟，则首班车到 G 后再经过 A 时为几点？

（6）请将图 3-10 补全，以便其能用于该线路上午 6:00—8:00 的运营。

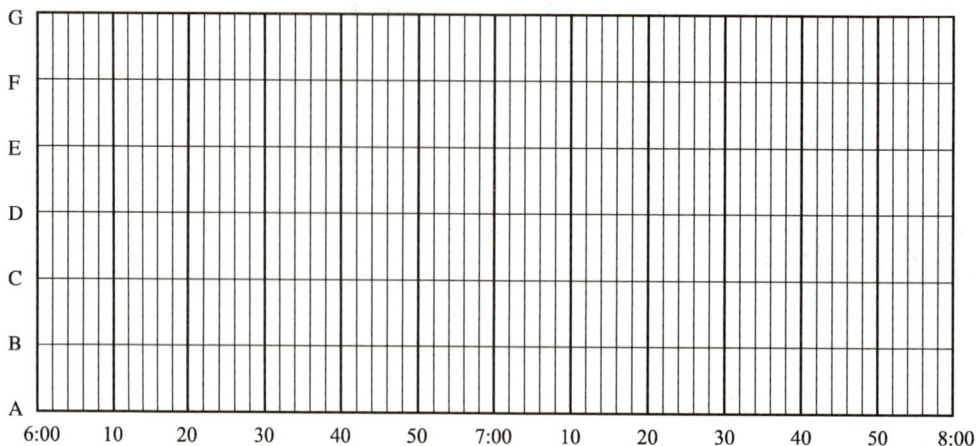

图 3-10　列车运行图

👆 **任务自测**

完成以上任务后，请回答以下问题。

（1）根据列车运行图可知，该线路上至少需要多少列车同时运营？

（2）若 C 由于设备升级需要在早高峰时临时闭站，则该列车运行图需要做哪些改动？

行业知多少　　　　　　　**小岗位　大责任**

2021 年是广州地铁 1 号线杨箕站值班站长朱丽英在广州地铁工作的第 24 个年头，这一年的春运也是她工作以来经历的第 27 个春运。在留穗过年的号召下，朱丽英毋庸置疑是带头响应的那一个，佳节对朱丽英来说，不是家庭团聚、出游玩乐，而是一次次的坚守岗位，确保地铁行车组织的正常运营，这也让身边的人看到了节假日背后地铁人在平凡岗位上的付出。

1991 年，刚刚毕业的朱丽英去到广州火车站，刚参加工作便赶上了春运。作为一个初出茅庐的新人，她猝不及防地经受了一次考验。售卖车票、卖食品、检票、清洁车厢和卫生间的卫生……这些都要列车员一手包办。当时 18 岁的朱丽英穿梭在南来北往的乘客身边，虽然稚气未脱，但她身上的制服就像是人海中的灯塔，照亮旅客的回家路。

1997 年，朱丽英脱下铁路制服，来到广州地铁，换上了地铁工装，成了一名地铁站务员。这身地铁工装，她一穿就是 24 年，对她来说，这是人生中难忘的一段时光，也是她青春奉献的印记。

她犹记得刚来地铁站时，新环境带来的接发列车、售卖预制票、引导客流、维护秩序、咨询指引、学习新的规章预案等任务十分繁重。加之地铁是人们日常通勤的工具，不仅节奏更快，对客运组织和服务技能知识的要求也更高。虽然朱丽英有过铁路工作经验，但仍感到有些吃不消。于是，朱丽英就让自己从零开始，努力跟上其他人的脚步，在日复一日的坚持中，她的站务技能越来越娴熟精湛，她也在运营一线年复一年的迎来送往中，越来越懂得服务乘客和奉献社会的意义。无论在铁路还是在地铁，她从来没有忘记自己的工作职责就是让大家安心踏上回家路。

时代在更迭，二十余年间，朱丽英感受着社会生活的日新月异，也见证了地铁运营随着国家和时代的发展变得越来越智能化。"这些年我在车站感受着人们出行方方面面的变化，觉得活在当代，太多幸福要珍惜，我也更加珍惜自己的工作。"

（资料来源：https://www.gzmtr.com/ygwm/xwzx/gsxw/202103/t20210308_70972.html）

项目学习效果综合测评

一、选择题

1. 下列不属于《车站行车工作细则》内容的是（　　）。
   A. 安全管理制度　　　　　　　B. 文件传阅制度
   C. 特殊运输工作组织　　　　　D. 日常作业计划

2. OCC 一般实行（　　）的原则。
   A. 分时间管理　　　　　　　　B. 分工管理
   C. 分级管理　　　　　　　　　D. 分区管理

3. 下列不属于城市轨道交通行车调度工作的指挥方式的是（　　）。
   A. 小张将所有程序设置好后，在一旁监督整个城市轨道交通系统进行自动行车指挥
   B. 小王对有指挥偏差的全自动指挥流程进行人工修改，以确保未来半小时调度工作正常运行
   C. 由于系统故障，全体调度人员共同利用电话系统进行调度工作的口头指挥
   D. 由于只有一条线路且行车间隔很长，小李觉得不需要指挥，由驾驶员自我判断交通状态

4. 在编制列车运行图时，应该满足的要求有（　　）。
   A. 确保行车安全　　　　　　　B. 合理运用设备
   C. 配合站段工作　　　　　　　D. 以上都有

二、填空题

1.＿＿＿＿＿＿＿＿＿＿＿＿＿＿＿＿＿是车站行车工作组织的基本规章，是车站＿＿＿＿＿＿＿＿＿＿＿＿，执行＿＿＿＿＿＿＿＿＿、＿＿＿＿＿＿＿和各项技术作业，进行日常运输生产分析总结的主要依据。

2.《行车调度工作规则》是为了保障城市轨道交通运营的＿＿＿＿＿＿＿＿＿＿，确保＿＿＿＿＿＿＿＿＿＿＿＿＿＿＿＿＿，以及运营突发事件的＿＿＿＿＿＿＿＿＿＿与＿＿＿＿＿＿＿＿＿＿＿。

3.城市轨道交通调度工作主要由＿＿＿＿＿＿＿＿＿＿＿＿＿＿＿＿＿＿负责，并采用＿＿＿＿＿＿＿＿＿、＿＿＿＿＿＿＿＿＿＿或＿＿＿＿＿＿＿＿＿共同协同的方式对调度工作进行集中领导。

4.列车运行组织工作包括＿＿＿＿＿＿＿＿＿＿、＿＿＿＿＿＿＿＿＿＿、＿＿＿＿＿＿＿＿＿三部分，由＿＿＿＿、＿＿＿＿＿和＿＿＿＿＿三地共同协调完成。

三、综合题

1.请简述与行车调度相关的系统。

2.如何编制列车运行图？

项目 4

城市轨道交通网络运营管理

>>>>>>>

　　多条城市轨道交通线路相互衔接后就会形成城市轨道交通网络，进而实现网、线、站之间的互联、互通和资源共享，这有利于城市轨道交通网络朝规模更大、可达性更强、覆盖面更广的方向发展。但是，与单一线路的运营管理不同，城市轨道交通网络运营管理对运营单位及各种相关设备都提出了更高的要求。

班级＿＿＿＿＿＿　　　姓名＿＿＿＿＿＿　　　学号＿＿＿＿＿＿

项目工单

请根据以下工单来学习本项目的内容，并总结自己的学习成果。

课程预习	☐	学习城市轨道交通网络化与网络运营的概念
	☐	学习城市轨道交通网络运营的客运组织
	☐	学习城市轨道交通网络运营的行车组织
	☐	学习城市轨道交通网络运营管理的原则和模式

知识学习	☐	掌握城市轨道交通网络运营的特点
	☐	掌握城市轨道交通网络运营的优势
	☐	掌握城市轨道交通网络运营的客运组织措施
	☐	掌握城市轨道交通网络运营控制中心的工作内容
	☐	掌握城市轨道交通网络运营管理的原则
	☐	掌握城市轨道交通网络运营管理的模式
	☐	掌握提高城市轨道交通网络运营管理效率的措施

素质提升	☐	具备对因果关系的判断能力，并可以有针对性地解决问题
	☐	具备宏观把握，微观调控的意识
	☐	具备系统化的管理理念

技能测评	☐	能够有效利用城市轨道交通网络运营的优势
	☐	能够有序组织城市轨道交通网络中的客流
	☐	能有效进行城市轨道交通网络运营的行车组织工作
	☐	能够有效提高城市轨道交通网络运营管理的效率

任务 4.1　城市轨道交通网络运营概述

任务引入

第 1 条城市轨道交通线路的运营标志着该城市已选择城市轨道交通作为未来主要的公共交通工具。但是一条城市轨道交通线路途经的区域十分有限，难以满足全市市民的出行需求，也难以与不断发展的城市规模相匹配。因此，城市轨道交通要处于不断建设与发展的过程中，逐渐从城市轨道交通线路发展为城市轨道交通网络，因为只有这样，城市轨道交通才能真正成为城市公共交通系统的骨干，成为市民出行的首选交通工具。

请列举几个建设城市轨道交通的城市，并想一想这些城市的市民是否将城市轨道交通作为了出行的首选交通工具。

知识准备

4.1.1　网络化与网络运营

城市轨道交通网络化是指城市中存在多条不同方向、不同走向的城市轨道交通线路，这些线路互相交叉，通过多个换乘车站相互连接，从而形成一个纵横交叉的线路网络体系。在线路网络体系内，各条线路在空间上能够实现交汇、联通，在设备、设施上能够实现资源共享。

城市轨道交通网络运营是指城市轨道交通在实现网络化形态后，通过管理手段将线路网络体系内的相关工作人员、设备、资源等相互结合，形成具有统一性、协调性、组织性的整体工作。同时它也是使城市轨道交通运营成果达到经济效益最大化、社会效益最大化目的的管理过程。

4.1.2　网络化的特点

城市轨道交通网络化具有网络覆盖广、车站分布密、客流分担率高等特点。

1. 区域覆盖广

城市轨道交通网络化形成后，城市轨道交通总体覆盖的区域会更广，再加上城市轨道交通线路间相互交叉、换乘车站数量增多，线网通达性会明显提高，使城市轨道交通的便利性得以充分显现，这会大大提升对客流的吸引力及辐射范围，从而促进客运效益的增加。

扫一扫

北京地铁发展历程

2. 车站分布密

城市轨道交通网络化形成后，车站的分布会越来越密集，车站间的关联度也会越来越紧密，特别是城市中心城区及核心区域。除此之外，随着郊区线路的修建，城市周边区域的车站也逐渐增多。

3. 客流分担率高

城市轨道交通网络化形成后，相关客流会逐渐形成依赖城市轨道交通的通勤模式，于是城市轨道交通就成了缓解地面交通压力的重要交通工具。一般来说，在实现城市轨道交通网络化的城市中，城市轨道交通的客运量会占整个城市公共交通客运量的30%以上。

4.1.3 网络运营的优势

当城市轨道交通从单线运营过渡到多线并行运营时，城市轨道交通就进入到网络运营的时代。网络运营具有以下优势。

1. 管理统一

城市轨道交通网络运营管理与公交车、出租车等其他公共交通工具相对分散、独立的运作方式相比，具有"统一指挥，统筹协调"的特点，城市轨道交通网络运营手段在实施过程中往往具有特殊的集中性。城市轨道交通在实施运营管理的过程中，一般设置一个职能部门统筹负责，由它对城市轨道交通网络中各个系统进行统一管理和控制。其他部门则需高度配合该职能部门，做好职责范围内的工作，达到城市轨道交通网络运营统一管理的目的。

2. 设备设施多样

在城市轨道交通网络运营的过程中，存在多样化的城市轨道交通设备设施，如地铁、轻轨、城际铁路等。不同类型的城市轨道交通工具因线路规格、列车技术和列车定员等存在很大差异，需要采用不同类型的管理方法去分别进行针对性的管理，使得城市轨道交通网络运营呈现多样性。

3．出行便捷

出行便捷是指城市轨道交通通过网络化分布的车站，在合适的地理位置上为市民提供便捷、高效的乘车服务。相比于一车一票的公交车系统，城市轨道交通系统通过换乘车站连接不同空间的线路，从而为乘客提供更加简单、高效的乘车过程。此外，城市轨道交通车站内还针对不同线路、车站区域的特点设置了不同的客流引导方式，或是根据现场客流状态开展精细化的现场应对工作，最大化地满足了乘客的需要。

4．资源共享

城市轨道交通网络运营可实现各个线路中的信息共享、人力资源共享、设备设施共享等。对城市轨道交通网路运营中所集合的多种资源进行优化共享，可以提高资源的利用率，实现资源效益最大化，降低城市轨道交通的运营成本，提升城市轨道交通的运输效率，从而实现城市轨道交通的可持续发展。

任务实施

了解我国城市轨道交通网络运营的发展

任务描述

通过查阅相关资料，了解各城市轨道交通网络运营的发展历程。

任务目标

熟悉各城市轨道交通在不同网络运营阶段的工作状态。

任务内容

通过对西安城市轨道交通网络运营发展过程的学习，试找出国内一线城市轨道交通网络运营的发展历程，并完成表 4-1。

案例

2013 年西安地铁 1 号线投入运营，它与 2011 年运营的西安地铁 2 号线在北大街站交汇，形成了西安地铁网络化发展的"十"字形基础结构。2016 年跨越西南至东北方向的西安地铁 3 号线投入运营，分别与西安地铁 1、2 号线交汇，形成了总运营里程 91 千米的小型网络结构，如图 4-1 所示。自此，3 条交汇线路的投入使用，标志着西安地铁正式进入到网络运营的初级阶段。在本阶段中，3 条线路间可以实现简单的换乘功能，与单条线路相比极大地方便了乘客，西安地铁的日均客流量也从仅有单条线路时的 20 万人次左右，上涨至 140 万人次。

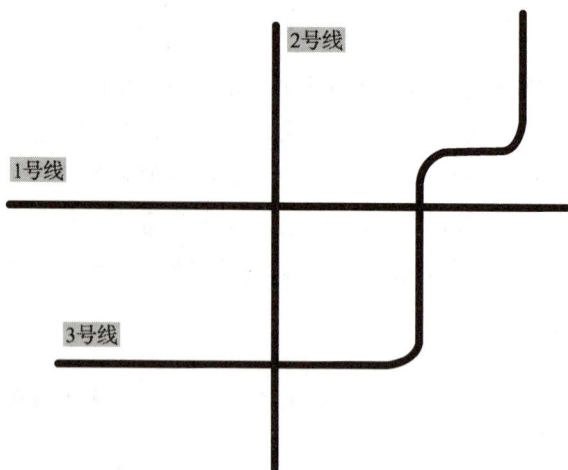

图 4-1　2016 年西安地铁形成的小型网络结构

2018 年，西安地铁 4 号线投入运营，它与 2 号线在地理位置上大致呈平行状态，进一步扩大了西安地铁网络化的规模。随后，西安地铁机场线也正式开通。截至 2021 年 6 月，规划中的西安地铁 5 号、6 号、9 号线相继投入运营，如图 4-2 所示，运营总里程达到 259 千米，其中换乘车站有 13 个，日最高客流量也达到了 448 万人次。西安地铁的网络化规模也逐渐向南京、深圳等城市靠拢，和上海、北京等一线城市的地铁网络化程度相比，差距也在逐渐地缩小。

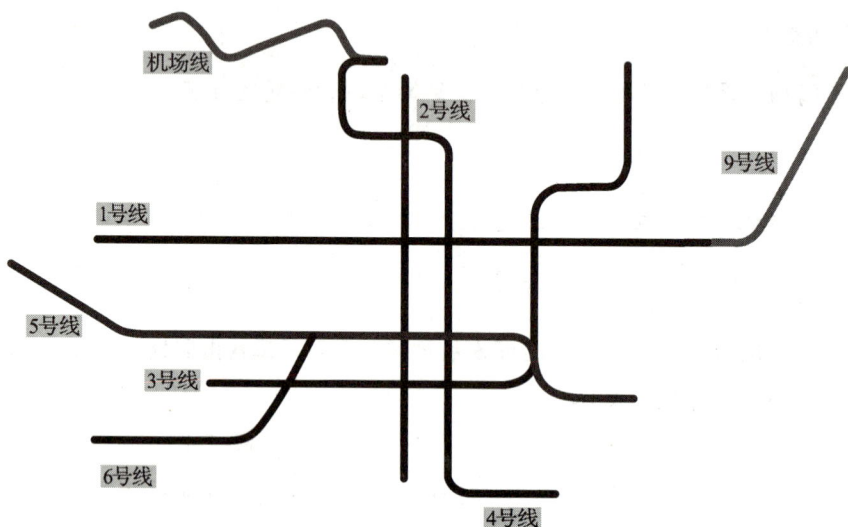

图 4-2　2021 年初西安地铁网络化规模

根据规划，西安将修建（扩充）至少 10 条地铁线路，包括部分 1 号线三期、8 号线、10 号线、11 号线、13 号线（机场线）东延伸、部分 15 号线等。到 2050 年末，西安地铁将形成覆盖西安市、咸阳市及周边县市的全长超过 400 千米的"大西安"城市轨道交通网络，共包含 23 条城市轨道交通线路。到那时，就地铁网络化规模来讲，西安地铁线路总公里数将逐渐接近国内第一梯队，仅次于北京、上海和广州等国内一线城市。

表 4-1　地铁网络化发展历程

网络化属性		西安	北京/上海/广州/深圳
初步形成的 城市轨道交通网络	时间		
	线路数/条		
	总公里数/千米		
	换乘车站数/个		
城市轨道交通 网络的现状	时间		
	线路数/条		
	总距离/千米		
	换乘车站数/个		
城市轨道交通 网络的未来规划	时间		
	线路数/条		
	总距离/千米		
	换乘车站数/个		

任务自测

完成以上任务后，请回答以下问题。

对于日趋扩大的城市轨道交通网络，相关工作人员应该具备哪些知识和技能才能跟上它的发展步伐？

任务 4.2　城市轨道交通网络运营的主要工作内容

任务引入

2019 年 5 月 26 日，长沙地铁在市民万众期待中从"十"字形换乘时代驶入了"网络化运营"时代。自此，地铁 4 号线、1 号线、2 号线互相连接，打通了长沙的西北与东南，这不但扩大了市民的生活半径，方便了市民的出行，而且还大大优化了城市的发展格局。未来，随着长沙地铁 3、5、6 号线的开通，长沙市民的"半小时生活圈"也会落成。

为了早日实现这一目标，长沙地铁的运营单位要努力提升管理能力，尽早适应城市轨道交通单线运营到网络运营的转变。请利用所学知识，试分析城市轨道交通进入网络运营后，运营单位的工作内容会发生哪些改变？

知识准备

4.2.1　客运组织网络运营

1. 客运组织网络运营的工作内容

城市轨道交通网络化形成后会吸引来巨大的客流，这些客流可通过换乘车站在城市轨道交通网络的各线路间流动。此时如果有非正常的运营事件发生，就会造成巨大的影响，不仅会影响本线路的正常运营，甚至会影响其他相交线路的正常运营。例如，当某一车站的上车客流小于入站客流时，由于列车所能容纳的乘客比较有限，车站就会产生客流滞留，而且列车饱和后下行车站的乘客也不能得到及时的输送，进而产生连锁效应，对相邻车站的客流输送均造成了影响。

因此，城市轨道交通客运组织网络运营的工作内容主要为组织乘客按照预先设定的路径有序流动，调节各线路之间的客流，以及合理应对客流变化对整个线网或其他交通工具产生的影响。

例如，北京地铁由于客流量巨大，部分线路的运能满足不了乘客的出行需求，于是相关线路会采取高峰时间设置限流车站和限流时段的方式来限制局部客流过大，以保证整个网络线路的正常运营。再如，上海地铁的相关线路在传统节假日期间，会根据以往客流规律启用专项运行图，调整列车交路方案，增加上线列车和备用车等。

2. 客运组织网络运营的主要措施

城市轨道交通进入网络运营时代后，客流的控制工作会从单独的1个车站或1条线路的控制，转变为全方位、立体化的车站级、线路级和线网级控制，如表4-2所示。车站级控制主要是针对单个车站进行的客流控制，一般可以直接限制进站客流，保证站内运营平稳有序；线路级控制主要是针对某一线路上的重点车站进行的客流控制，一般可以通过限制该线路上其他车站的进站客流，来提高列车到达重点车站的空载率，进而确保重点车站客流压力的快速缓解；线网级控制主要是针对换乘车站进行的客流控制，一般可以通过控制邻线到达换乘车站的换乘客流，进而减轻换乘车站的工作压力。

表4-2　各级客流控制方式的目的和基本措施

控制级别	控制目的	控制措施
车站级控制	减少站台乘客数量	限制进站客流、减缓售票速度等
线路级控制	提高到站列车空载率	控制邻站进站客流、加开列车等
线网级控制	减少换乘客流	控制邻线换乘客流、关闭换乘通道等

从以上 3 个控制客流的方向出发，常见的客运组织网络运营的主要控制措施有如下几点。

1）做好车站级控制，减少进站客流

当客流过多需启动车站级控制措施时，应遵循"由下至上、由内至外"的客流控制原则，依次采取站台客流控制、站厅付费区客流控制、出入口（站厅非付费区）客流控制等方法，来人为控制客流进站速度，延长进站时间，达到最大限度缓解站台客流压力的目的。

（1）站台客流控制，常用的措施是将站厅向站台方向运行的电扶梯改为由站台向站厅方向运行。

（2）站厅付费区客流控制，常用的措施为关停部分自动售票机、关停部分进站检票机、双向检票机设为出站检票机。

（3）出入口（站厅非付费区）客流控制，常用的措施为在站外设置迂回的限流隔离拉杆、分批放行、关闭部分出入口等，如图 4-3 所示，为上海地铁在某地铁口设置的限流伸缩门。

图 4-3　进站口的限流伸缩门

2）启动线路级控制，降低到站客流

当车站级控制仍不能有效降低车站客流压力时，相关工作人员在 OCC 值班主任的同意下可以启动线路级控制。具体的控制措施应根据重点车站在线路上的位置和车站客流的特点来确定。以南京地铁 1 号线南京站（其位置如图 4-4 所示）为例，通常南京站向药科大学方向的下行客流远远超过向迈皋桥的上行客流，根据这个特点，可以通过线路级控制，减少红山站、迈皋桥站的进站客流，提高到达南京站的列车空载率，达到缓解南京站客流压力的目的。

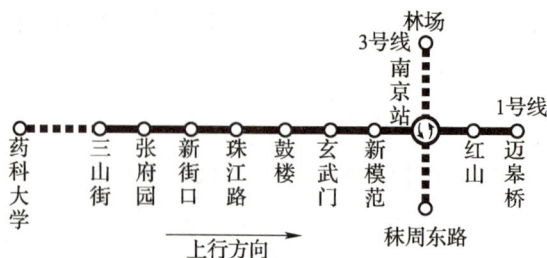

图 4-4　地铁南京站位置示意图

3）开展线网级控制，疏导换乘客流

当线路级客流控制仍不能有效降低车站客流压力时，此时应该启用线网级控制。在图 4-2 中，如果南京站下行方向站台出现大客流，启动线路级控制措施后依然无法得到明显缓解时，经过 OCC 值班主任的批准后，行车调度员可以对南京地铁 3 号线流向南京地铁 1 号线下行方向的客流进行控制，以达到减少换乘客流、减轻南京站客流压力的作用。在确定南京地铁 3 号线上的限流车站时，相关工作人员可根据 3 号线的 OD 客流数据，选择既不影响该线路其他乘客正常通行，又能精准控制南京站的到站客流的车站进行限流。

4）提前做好准备，加强信息引导

客运组织网络运营的主要目的就是引导乘客流向，减轻站台的客流压力，但是各种限流措施有时也会造成车站内部客流的滞留，给车站的客运组织工作带来安全隐患。为了能有序组织好客流，相关工作人员应该明确不同级别客流控制的具体车站和时间，重点车站要提前做好客流控制所需的工具、人员安排等准备工作。同时，相关部门还可以在主流媒体积极广泛地引导广大市民理解地铁的限流措施，合理安排出行计划，避开限流的车站。

课堂讨论

北京地铁房山线是位于北京郊区的一条线路，该线路附近有很多居民区，它是该区域居民出行依靠的主要工具。北京地铁房山线呈"东北—西南"走向，东北起自丰台区东管头南站，西南至房山区阎村东站，与其连接的线路为北京地铁 10 号线与北京地铁 9 号线，它是连接北京市区与房山长阳、房山良乡地区的重要线路，如图 4-5 所示。

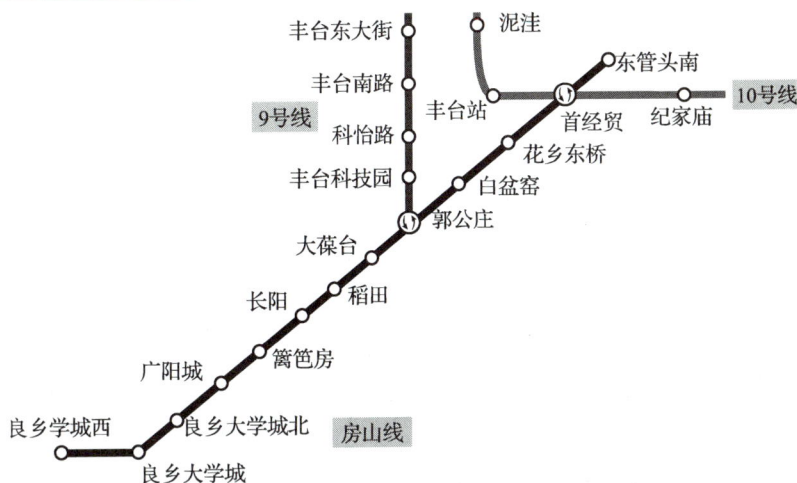

图 4-5　北京地铁房山线及其相连线路示意图

　　早高峰时该地区有大量乘客会前往市区上班，其中一部分乘客会乘坐房山线到郭公庄站换乘 9 号线。但是由于乘客较多，换乘客流通常会挤满整个列车而导致 9 号线的其他上行车站，如丰台科技园站、科怡路站等的乘客无法上车，因此房山线的长阳站及稻田站会在早高峰时进行限流。

　　请思考：以上所提到的限流方式属于哪一级客流控制？除此之外，你还能想到哪些控制措施来缓解 9 号线的客流压力？

4.2.2　行车组织网络运营

　　由于各条线路 OCC 的行车组织管理不能超越本线路的范围，故难以对其他运营线路的突发运营故障对本线路运营状况的影响做出预先判断和预先准备。有时甚至因为未及时获取其他运营线路的故障信息，而造成本线路运营异常的连带影响。因此在城市轨道交通运营网络形成后，为保证网络运营的质量，就需要设立一个负责整个运营网络行车组织的专业管理机构，即网络运营控制中心（以下简称 COCC）。这样一来，就形成了由 COCC 一级调度、OCC 二级调度、生产部门（如车站）三级调度共同构成的完整调度体系，并按照"集中领导、统一指挥、逐级负责"的原则开展行车组织工作。这里主要介绍 COCC 的相关内容。

1. COCC 概述

　　COCC 是在城市轨道交通运营网络行车和客流量剧增的形势下，为加强运营网络的管理效率，提高轨道交通的社会影响，加强与城市公共交通系统的沟通所设立的专业管理机构，它具备网络整体监控、集中调度、运营协调、应急指挥等功能。

COCC 一般设有值班总调、运营调度、设备调度、线网信息调度等部分，其布局一般如图 4-6 所示。

图 4-6　COCC 布局

2. COCC 的相关设备

COCC 的设备主要为综合显示屏、中央级 ATS 工作站及相关通信设备，其系统中还按照不同功能而设置了各类工作台，如列车自动控制系统、自动售检票终端监控系统、通信系统、电力监控系统、防灾报警系统等，供有关人员操控及监察使用。

1）综合显示屏

综合显示屏为 COCC 的核心设备，它主要用来显示与行车有关的实时信息，包括轨道电路、线路、信号平面布置，以及列车车次及其运行状态等。除此之外，综合显示屏可以对任意一条线路的信号系统、供电系统等进行单独调看。

2）中央级 ATS 工作站

中央级 ATS 工作站的显示界面由若干台 LCD 显示器组成，它可实时获取各条线路的列车运行信息，并对各线路的 ATS 工作站进行监督。

3）CCTV

CCTV 可用来查看各 OCC 调度员选择的画面，帮助相关工作人员了解车站的客流和列车到发情况。

4）通讯设备

COCC 的通信设备主要有调度电话和公务电话。

调度电话可供 COCC 调度员选呼 OCC 调度员、城市轨道交通公安指挥室，以及各运营单位。

公务电话可供 COCC 调度员与内部各单位等进行业务联络。

3．COCC 的工作内容

作为城市轨道交通网络运营的管理部门，COCC 具有对内实施管理和对外联络协调的职能。也就是说，它不但要代表最高级指挥层级对城市轨道交通网络内的行车组织进行管理，而且还要代表城市轨道交通的管理部门与外界其他部门进行工作协调和联系。COCC 的日常工作内容主要包括信息的采集、线网的监督管理及突发事件的应急指挥等。

1）信息的采集

COCC 一般通过城市轨道交通系统的设备、设施获取与行车相关的各类信息，以便随时监控整个城市轨道交通网络。这些信息必须满足线网管理服务中心综合监控系统的要求，具有统一的通信协议、编码格式和接口标准及传送方式。通常，COCC 采集的信息主要有以下四种。

（1）实时信息。它主要指列车运行信息、线路上主要设备的信息及各种故障信息。列车运行信息包括列车运行的具体位置、时间等实时信息；线路上主要设备的信息包括设备正常工作的相关信息；故障信息包括与故障相关的所有信息，当故障被处理好后，相关的信息会进行实时更新。

（2）阶段性信息。COCC 会按照设定的采集周期自动接收各线路上传的运营数据（如车站的温度和湿度、线路的用电量、各站的客流数据等），用以监视各车站的运营环境与服务质量，并为各种统计分析、决策、规划积累基础数据。数据采集周期为参数化设置，可灵活改变。

（3）视频信息。它主要是指通过各线路车站的摄像头传输过来的画面信息。在正常或紧急情况下，COCC 可以通过控制相应的摄像头，在综合显示屏上监控车站现场的客流和列车发到情况。

（4）文件信息。COCC 会负责储存各线路运营的相关数据报表，如发生故障或后续线网发展需要调用相关资料时，由 COCC 完成打印并交由相关工作人员使用。

2）线网的监督管理

COCC 系统建成后，城市轨道交通系统将打破原有的"两级管理、三级控制"的运营模式，转变为"三级管理、三级控制"的运营模式，这更加有利于对线网整体的运营管控。

🎓 **知识拓展**

　　"两级管理、三级控制"是指线路级、车站级两级管理，站台、站厅付费区、出入口（站厅非付费区）三级控制。

　　"三级管理、三级控制"是指线网级、线路级、车站级三级管理，站台、站厅付费区、出入口（站厅非付费区）三级控制。

COCC 须实时监控整个线网的行车情况、客流情况、设备运行情况及故障信息等，全面掌握各线路的客流计划、全日行车计划、列车运行计划、车辆运用计划等，并能根据相关数据分析判断出当前线网的运营情况，及时、合理地调整运营计划或做出预警，且准确、及时地传达给相关的 OCC，以保证整个线网高效、有序的运营。

3）突发事件的应急指挥

发生突发事件时，COCC 会第一时间启动抢险应急机制，并负责城市轨道交通的应急指挥工作，协调各方力量各司其职，以最快的速度解决故障，恢复城市轨道交通的正常运营。例如，车站突发设备故障影响行车时，COCC 能在电子地图上定位事发地点，调动相关应急资源快速到达现场，通过 CCTV 查看事发地点的实时情况并结合突发事件的类型和等级为工作人员提供决策建议，实现对应急事件处置的可视化指挥。突发事件处理完毕后，COCC 可通过回放应急处置过程的关键环节，对整个应急处置过程进行综合评估和对比分析，从而形成该事件的全过程评估报告，以供统计分析。

知识拓展

COCC 能对应急值守点和应急基地，以及其中布置的救援队、救援列车、救援设备、应急物资等进行动态管理，实现快速查询、直观展现和定位的功能。此外，COCC 系统中会嵌入各类应急预案，用于应急情况下的决策辅助和应急处置的流程引导。

任 务 实 施

线网客流控制实践

任务描述

通过分析乘客在某车站乘车的整个过程，共同商议出在各个环节中可行的控制客流的措施。

任务目标

掌握城市轨道交通网络中常见的客流控制方法。

任务内容

学生以小组为单位，根据所给材料共同商议出工作人员所能采取的不同级别的控制客流的措施，将相关信息填写在表 4-3 中，并派代表阐述本组的分析结果。

相关材料

地铁北京南站是北京地铁 4 号线、北京地铁 14 号线的换乘车站，它的地理位置如图 4-7 所示。由于北京南站是北京的高铁站之一，包含了 13 座站台 24 条股道，因此每天有很多乘客乘坐地铁到达该站乘坐高铁。据不完全统计，北京地铁北京南站的日均客流量约为 13 万人次，其中换乘客流超过 5.5 万人次。在不影响其他线路正常运营的前提下，有序疏导北京南站的客流成了相关工作人员要面临的头等大事。

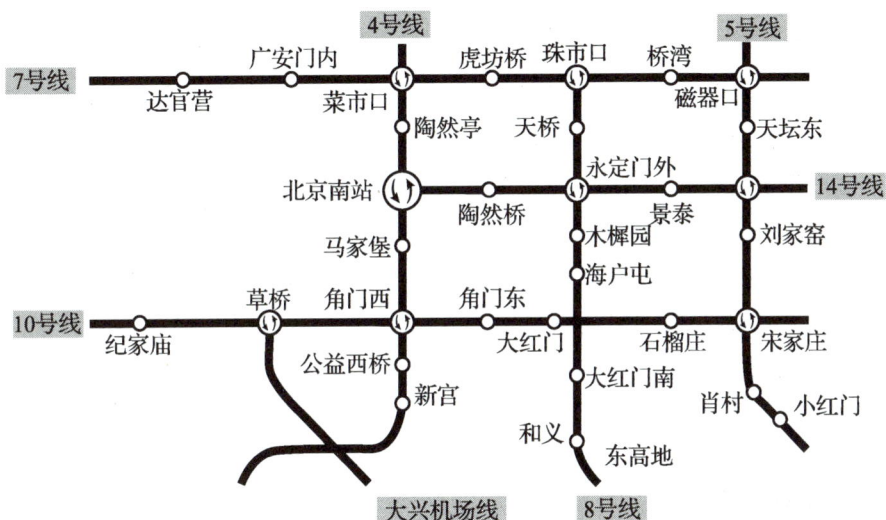

图 4-7 地铁北京南站的地理位置

表 4-3 客流控制措施

控制级别	控制站点	控制线路	控制措施
车站级控制	—		
线路级控制	马家堡站 陶然亭站	4 号线	
线网级控制	草桥站 永定门外站 菜市口站		

☀ 任务自测

通过分享、学习各种控制客流的措施，回答以下问题。

据悉，北京南站负责了北京—天津的城际高铁。因此，在每周周五、周日晚上和下周一早上，都会有大量的乘客涌入地铁北京南站。请思考：为了不影响其他线路的正常运营，针对此种情况相关工作人员应该采取哪种客流的控制方式，具体措施是什么？

任务引入

　　随着在建的城市轨道交通线路陆续投入运营，郑州城市轨道交通也由多线路运营迈入网络运营时代。截至 2021 年 3 月，郑州城市轨道交通运营中的线路共有 7 条，总长 206.3 千米，共包含车站 153 个。

　　相关负责人表示，网络运营管理是一个大课题，它对行车组织、调度管理、应急管理、设备维修等要求更高。为此，郑州城市轨道交通运营单位从 2018 年就开始了网络运营管理的研究工作。

　　请思考：城市轨道交通网络运营管理的模式有哪些？它在不同时期又面临哪些挑战呢？

知识准备

　　随着城市轨道交通线路的增多，其规模也日益扩大，以往的城市轨道交通运营管理模式已经难以对城市轨道交通网络实施有效管理。城市轨道交通网络运营管理作为一种新兴的管理模式，逐渐成为各城市轨道运营部门需要面临的挑战。

4.3.1　网络运营管理的原则

1. 安全原则

　　当城市轨道交通由单线运营变为网络运营时，虽然行车管理会因此受到影响，但是无论什么情况下，首先要确保行车的安全性。这就要确保行车指挥部门、车站、驾驶员等配合密切，统一管理行车数据，提高沟通效率。除此之外，还要提高驾驶人员的安全行车意识和驾驶技能，避免因工作人员的疏忽导致安全事故。

2. 整体原则

　　城市轨道交通网络运营管理要注重整体性，即在任何情况下，都要确保整个城市轨道交通网络的整体利益。当某条线路上的列车发生故障时，相关工作人员不能只针对该故障列车寻找处理方法，而应该在确保整个城市轨道交通网络正常运营的前提下，以故障列车为基础，综合考虑它给其他列车运营带来的影响，寻找最合适的处理办法，争取把影响与损失降到最低。

3. 快速原则

城市轨道交通实行网络运营后，突发事故带来的影响往往比单线运营时的影响更大、更广泛，因此对于突发事件，调度指挥部门、车站、驾驶员等相关工作人员要迅速做出反应，及时调整运营计划，确保在最短的时间内拿出最好的解决方案。

4.3.2　网络运营管理的模式

城市轨道交通网络运营管理的模式主要由 COCC 的管理模式决定，一般为集中监控模式。

集中监控模式就是将与城市轨道交通网络运营有关的管理工作都交于 COCC 统一负责。这种网络运营管理模式是目前国内城市轨道交通网络运营主要使用的管理模式。该模式的优缺点如下。

扫一扫

线网互联互通

（1）应用集中监控模式的城市轨道交通系统一般会新建专供 COCC 使用的建筑，这样 COCC 系统不但能接入所有正在运营的线路，还能为规划中尚未投入运营的线路预留位置。

（2）集中监控模式能使 COCC 对各线路 OCC 进行统一管理，具有管理效率高、信息传递迅速、信息准确度高等特点，这也便于管理部门及时与外部其他部门进行联络协调。

（3）建设新建筑会使 COCC 的建设成本变大，给运营单位造成一定的财政负担。

（4）COCC 会导致各线路 OCC 的部分功能废弃。虽然个别城市会将原 OCC 作为 COCC 发生故障时的备选使用，但是由于维修保养成本较高、启用概率极低，会造成人力、物力的浪费。

案例分析

成都地铁 COCC 于 2017 年投入使用，采用集中监控模式，是成都地铁的"最强大脑"。成都地铁 COCC 系统目前已接入所有开通运营的线路，构建起"COCC+5 个 OCC"的网络运营管理模式，并预留了扩展 23 条线路接入的能力。

在 COCC 的统一调配下，成都地铁可以实现对全市地铁线网的资源共享，以及对各条线的行车组织、电力控制、设备维修、信息收发、施工组织等统一调度与指挥。自从该 COCC 投入使用后，成都地铁网络运营规模就迈上了新台阶与新征程，如公共交通出行分担率超过 50%，最短行车间隔缩短为 2 分钟，列车运行图准点率和兑现率均达到 99.99% 以上。这极大地提升了乘客的乘车体验，而且还提升了工作人员的工作效率。

请思考：建设 COCC 还会带来哪些好处？

4.3.3　网络运营管理的挑战

随着城市轨道交通的发展，城市轨道交通网络会逐渐从小型线网向大型线网过渡，线网组成结构的复杂程度也会越来越高，由此给运营管理部门带来的压力和挑战也越来越大，这主要表现为以下几个方面。

（1）整个线网的客流叠加效应会越来越明显，这会导致线网总客流量出现跳跃式增长，城市轨道交通网络运营的安全保障和客运服务压力与日俱增。

（2）任何一条线路出现问题都将"牵一点而动全线、牵一线而动全网"，相关部门的应急处理能力将面临严峻挑战。

（3）市民对于城市轨道交通出行的依赖性和关注度日趋增强，对服务质量的要求也日益提高，相关部门的舆情应对压力变得越来越大。

（4）城市轨道交通运营管理的区域和跨度不断增大，不同线路间的设备制式不一、新旧系统混搭、新老技术标准交叉等问题日益凸显。

4.3.4　提高网络运营管理效率的措施

为了能更好地应对城市轨道交通网络运营管理面临的挑战，相关部门可以从以下几个方面来提高网络运营管理的效率。

1. 提高工作人员的安全意识和技能

城市轨道交通的工作人员是保证网络运营管理工作良好和有序进行的关键，同时，他们的素质和能力也是在突发情况下解决问题的主要影响因素，因此，相关部门可以从提高工作人员的安全意识和技能方面来提高网络运营管理的效率。例如，定期组织工作人员学习安全规范，加强对工作人员安全意识的培养；定期对工作人员展开应急能力培训，提高工作人员解决突发情况的能力；定期对工作人员进行岗位技能考核，督促其不断提高完善自身的工作技能水平。

2. 保障技术设备的先进性并做好维护工作

城市轨道交通网络运营管理工作对技术设备有着极大的依赖性，一旦技术设备出现问题或者故障，网络运营工作便成为"无米之炊"，因此相关工作人员一定要保障技术设备的先进性并做好维护工作。这就要求相关工作人员应按照操作规范正确使用设备设施，并定期对其进行检修维护，以减少设备设施的损耗和损坏。

3. 提升应急处理能力

城市轨道交通在网络运营的过程中，可能会出现列车晚点、车站发生火灾、设备大面积故障、乘客受伤等突发情况，此时工作人员的应急处理能力就决定了这些突发事件的影响范围和处理效率，因此有效提升工作人员的应急处理能力至关重要。相关部门可以通过定期模拟突发状况进行实操演练来提升工作人员的应急处理能力。除此之外，还可以通过对工作人员进行培训、组织学习应急预案等方式进行能力的巩固。

任 务 实 施

知识竞赛

任务描述

通过知识竞赛的形式，评选出对本任务知识点掌握最熟练的队伍。

任务目标

巩固城市轨道交通网络运营管理的相关知识。

扫一扫
知识竞赛的题目

任务内容

（1）老师根据本任务所学内容制作选择、判断、简答等类型的题目供知识竞赛使用。

（2）全班学生自行组成 4 个队伍，每个队伍人数尽量保持一致，4 个队伍先以抽签的形式两两分组，进行组内比赛。

（3）老师分别组织两组进行比赛。一组比赛时，另一组在场外观战，不可给出提示。

（4）比赛时，老师提出问题，两队进行抢答，若抢到机会的队伍回答错误，则由另一对继续回答。（答对加分，答错不扣分）

（5）组内比赛完毕，分别决出两组的优胜者，即总分多的一队为胜出队伍。

（6）两组的优胜者继续进行比赛，决出最终胜利的队伍。

任务自测

将在竞赛中出现的不会或答错的题列在表 4-4 中，并写出答案。

表4-4　知识汇总表

题目	答案	备注

行业知多少　　　　　　学者风范　飞驰地铁梦

　　中国城市轨道交通经过半个多世纪的发展，经历了从落后一百年到世界瞩目，从单一地下铁路到多形态的城市轨道交通网络的过程，它承载了几代人的聪明才智与无私奉献。这其中有一个人将永远不会被历史忘记，他就是新中国第一个留苏学习城市轨道交通专业、参与我国首条城市轨道交通的建设、长期从事城市轨道交通线路规划设计研究工作、我国城市轨道交通事业的开拓者之一——中国工程院院士、北京交通大学轨道交通研究中心主任施仲衡。

　　一般人到了花甲之年，就告别工作岗位，颐养天年了。可对于施仲衡来说，60岁之后，他反而更加忙碌了。20世纪90年代，北京、上海、广州等城市都迎来了城市轨道交通的高速发展，在此期间他创造了中国城市轨道交通的多个"第一"。1993年，他带领技术人员主持了我国城市轨道交通领域第一个国际招投标项目——广州地铁1号线，并在国内首创了城市轨道交通工程设计监理制度。进入新世纪，到了耄耋之年的施仲衡带领团队开始攻坚轨道信号等城市轨道交通自动化运营技术。他说："现在城市里地铁越来越多，只有实现自动化，才能实现城市轨道交通网络高效运行，这种核心技术，我们必须掌握在自己手里。"

　　作为顾问，他多次参加技术研讨，为我国自主研发城市轨道交通信号系统提出了大量建设性意见，并获得了瞩目的成就。2010年，北京地铁亦庄线试运营，这标志着城市轨道交通信号系统依靠纯进口技术的历史正式结束。2011年，北京地铁房山线的开通吸引了国内外的广泛关注，这是我国首条自主研发的全自动运行城市轨道交通线路，智能化水平达到了国际一流，实现了"无人驾驶"。

　　施仲衡这一辈子最高兴的，就是看到城市轨道交通连接城市的千家万户，为大家带来便利，为城市带来活力。他说："60 多年来，我担任多个城市的地铁建设专家委员会主任，获得过无数奖励。但是最大的荣誉和奖励莫过于在自己的有生之年可以看到曾经的梦想开花结果，看到我们国家的城市轨道交通事业蓬勃发展。虽然我已经 90 岁了，但只要身体条件允许，我还想为中国的城市轨道交通发展做一些事情，与大家共同开创中国城市轨道交通事业今天和未来的辉煌。"

（资料来源：http://people.cctv.com/2019/04/10/ARTIwFMetC3xzIAFX8iaJoU0190410.shtml）

项目学习效果综合测评

一、选择题

1. 下列属于城市轨道交通网络运营管理集中监控模式优点的是（　　　）。
    A. 建设 COCC 会给地方财政造成压力
    B. 相关运营单位需要单独组建工作小组，负责 COCC 的运营
    C. 管理效率高、信息传递迅速、信息准确度高
    D. 新的管理单位建成后，原来的管理单位会被部分废除

2. 下列不属于城市轨道交通网络化特点的是（　　　）。
    A. 工作量少
    B. 车站分布密
    C. 客流分担率高
    D. 区域覆盖广

3. 下列不属于城市轨道交通客运组织网络运营的控制措施的是（　　　）。
    A. 某车站为了减少早高峰的进站客流于早 7:00—9:00 限制进站人数
    B. 某轻轨车站客流量远超预期，于是开通直达公共汽车运送乘客
    C. 为了尽快疏通 A 站的客流，相关部门对 A 站的上行车站和下行车站都进行了限流
    D. 为了尽快疏通某换乘车站的客流，相关部门加开与该换乘车站相连的两条线路上的列车

4. 下列不属于 COCC 工作内容的是（　　　）。
    A. 信息的采集
    B. 突发事件的应急指挥
    C. 线网的监督管理
    D. 疏散客流功能

二、填空题

1．城市轨道交通网络运营是指城市轨道交通在实现网络化形态后，通过管理手段将线路网络体系内的＿＿＿＿＿＿＿＿、＿＿＿＿＿＿、＿＿＿＿＿＿等相互结合，形成具有统一性、协调性、组织性的整体工作。

2．城市轨道交通网路运营管理应该遵循＿＿＿＿＿＿＿、＿＿＿＿＿＿、＿＿＿＿＿的原则。

3．网络运营控制中心，简称＿＿＿＿＿＿，是负责＿＿＿＿＿＿＿＿＿＿＿＿＿的专业管理机构。

4．网络运营控制中心相关设备主要有＿＿＿＿＿＿＿＿、＿＿＿＿＿＿＿＿和＿＿＿＿＿＿＿＿等。

三、综合题

1．请列举城市轨道交通网络运营后的优势有哪些？

2．请查阅资料，列举城市轨道交通进入网络运营的城市，并说说这种状态会给城市带来哪些影响。

项目 5

城市轨道交通票务管理

>>>>>>

城市轨道交通票务管理的主要目的是给乘客提供优质服务,以及有效管理相关资源。它是城市轨道交通运营管理的一项重要工作,它既关系到运营生产的收益,又关系到运营的服务质量,是衡量城市轨道交通经营管理水平的重要标志。

班级＿＿＿＿＿＿＿＿＿　　　姓名＿＿＿＿＿＿＿＿＿　　　学号＿＿＿＿＿＿＿＿＿

项目工单

请根据以下工单来学习本项目的内容，并总结自己的学习成果。

课程预习	☐	学习城市轨道交通票制、票价、票卡的相关内容
	☐	学习城市轨道交通票款管理的相关内容
	☐	学习城市轨道交通票卡发售方式的相关内容
	☐	学习城市轨道交通售检票自动化的相关内容

知识学习	☐	掌握城市轨道交通票价制定的规则
	☐	掌握城市轨道交通票卡的不同状态
	☐	掌握城市轨道交通票款的管理方式
	☐	掌握城市轨道交通票卡的发售方式
	☐	掌握自动售检票系统的相关内容
	☐	掌握自动售票机的相关内容
	☐	掌握自动检票机的相关内容

素质提升	☐	具备接受新事物，勇于创新的能力
	☐	具备站在乘客角度考虑问题的能力
	☐	树立服务乘客，换位思考的意识

技能测评	☐	能根据实际情况为城市轨道交通选择合适的票制
	☐	能为城市轨道交通制定合理票价
	☐	能妥善管理车站票款
	☐	能组织相关工作人员进行售票工作
	☐	能组织相关工作人员进行检票工作

任务 5.1　城市轨道交通票卡与票款管理

任务引入

　　近日，有乘客拨打投诉电话，投诉某车站的工作人员及值班站长不熟悉业务，称其持相关残疾人证件按优惠政策免费乘坐地铁时，工作人员以该乘客不符合免费乘车条件为由，要求乘客购买车票。当乘客被工作人员拦截后，要求请值班站长处理此事，但是值班站长检查其相关证件后，也表示乘客所持证件不能免费乘车。于是该乘客打电话投诉，并要求对相关人员进行处理，否则将向媒体反映此事，或者通过法律途径解决。

　　后经工作人员调查后证实，该乘客所持证件确实符合免费乘车条件，乘客的投诉属于有责投诉。后经过上级协调，值班站长与工作人员为自己的错误行为向乘客道了歉，并对为乘客造成的经济损失进行了赔偿。

　　请思考：该车站票卡的优惠政策是否合理？生活中还有哪些常见的城市轨道交通票卡优惠政策？

知识准备

5.1.1　票制

　　城市轨道交通票制是指城市轨道交通的收费方式和票价变化的规律，它是票价制定的基础。目前国内外城市轨道交通常用的票制有以下几种。

1. 单一票制

　　单一票制是指不考虑乘车距离长短，全网线路发售单一票价的票制，目前采用这种票制的国外城市较多，如纽约、莫斯科等，我国北京也在 2015 年以前采取过该种票制。

　　单一票制的优点是操作相对简单、检票设备成本较低，这可以为运营单位节省设备费用和管理费用，从而降低运营成本。

　　单一票制也存在一些弊端，例如，容易引发短途乘客的不公平感，从而导致短途客流量减少，加重地面交通的运输负荷等，这不利于城市轨道交通的整体规划和建设。

2. 计程票制

计程票制是根据乘客乘车距离的长短来计算票价的票制。由于按计程票制计算的票价比较合理，因此有利于吸引更多乘客。但是当票价与乘客的出入站有关时，所使用的票务管理设备就会相对复杂一些。例如，票价5千米之内为2元/人次，超过5千米的部分为3元/人次就是按照计程票制来定价的。目前国内外大部分城市的城市轨道交通都采用计程票制。

3. 计时票制

计时票制是按照乘客在城市轨道交通系统中的停留时间来计费的票制。这种票制在扣费时操作简单，而且还可以避免乘客在列车上或车站付费区内长时间逗留而造成不必要的拥堵。若乘客超过乘车时限而未出站，运营单位往往会收取一定金额的费用。

4. 分区票制

分区票制是将城市轨道交通线网分成若干个区域来计算票价的票制。这种票制相当于把运营线网中的车站分为一个个区间，按照乘坐区间的数量进行收费。

分区票制一般适用于拥有完善的网络结构的城市轨道交通系统，它充分考虑了中心地带站距离短、边缘地带站距离长的线网规律。目前天津城市轨道交通就采取了该种票制，具体定价如表5-1所示。

表5-1　天津地铁票价

线路	票价	
地铁1、2、3、6号线 地铁9号线津滨轻轨（市区段）	乘坐5站4区间以内（含5站）	2元
	乘坐5站4区间以上，10站9区间以下（含10站）	3元
	乘坐10站9区间以上，16站15区间以下（含16站）	4元
	乘坐16站15区间以上	5元
地铁9号线津滨轻轨（郊区段）	按里程计费	

知识拓展

目前，我国大部分城市的城市轨道交通系统采用计程票制与计时票制相结合的方式定价，例如武汉地铁收费方式为：9千米以内（含9千米）2元/人次，9~14千米（含14千米）3元/人次，3元以上每增加1元可乘坐的里程比上一区段递增2千米，以此类推。当乘客每次乘车超过3小时后，则需按最高单程票价（10元）补交超时车费。

5.1.2　票价

1.　票价的制定原则

城市轨道交通的票价制定应遵循"公益为先，兼顾效益"的总原则，充分考虑"乘客的承受能力、运营单位的可持续发展、政府的调控能力"，正确处理好乘客、运营单位和政府三者之间的关系，以便实现城市轨道交通长期利润最大化。票价的制定原则主要有以下几点。

1）公益性原则

城市轨道交通是城市公共交通的重要组成部分，需要承担相应的社会责任，发挥公益作用。因此，相关部门在制定票价时应遵循公益为先原则，充分发挥城市轨道交通在城市公共交通中的骨干作用。

2）考虑乘客承受能力原则

城市轨道交通作为重要的城市公共交通工具，会承担大部分市民的通勤出行任务，因此票价的制定应充分考虑大众的经济承受能力，不得脱离当地实际的经济社会发展水平，导致乘客无力承担。

3）比价合理原则

由于城市轨道交通建设和运营的成本较高，且与地面公共交通相比具有安全、快捷、准点、舒适等特点，因此城市轨道交通票价的制定应略高于地面公交，且略低于出租车，从而体现出高性价比的特点。

4）可持续发展原则

由于城市轨道交通建设的成本回收周期长、收益见效缓慢，因此票价的制定既要兼顾政府投资财力，又要维护乘客的利益，还需考虑运营单位的长远发展。

5）递远递减原则

当城市轨道交通选择计程票制时还应该遵循递远递减的原则。这样一来，运输距离越长，分摊到单位运输里程的作业费和管理费就越少，运输成本就越低，遵循这一原则可防止票价对长距离运输的限制。

2.　票价的制定策略

在票价制定原则明确的前提下，运营部门可以根据市场的供需关系、运输需求和服务的质量水平等因素采取以下几种不同的票价制定策略。

1）差别定价

根据乘客不同的出行需求来制定不同票价的策略称为差别定价。当乘客的乘车需求较大，但是城市轨道交通运输量较小时，可以采取以盈利为主要目的的票价制定策略；反之，当乘客的乘车需求较小，但是城市轨道交通运输量较大时，可以采取以吸引客流为主要目的的票价制定策略。例如，某城市为了减少早高峰前的运力浪费情况，推出 6:00 以前乘坐地铁票价打 5 折的活动。

2）折扣定价

根据乘客的乘车次数或消费额度而向乘客让利的策略称为折扣定价，它主要针对经常乘坐城市轨道交通的乘客。折扣定价主要有现金折扣和数量折扣两种，现金折扣是指乘客累计购买一定金额的车票后给予一定数额或百分比的折扣；数量折扣是指乘客乘车累计达到一定次数后给予若干免费乘车次数的折扣。目前，北京市城市轨道交通就采用现金折扣的票价制定策略，以一个月为期限，乘客使用同一张储值卡乘坐地铁的具体优惠方式如表 5-2 所示。

表 5-2　北京地铁优惠方式

累计消费金额/元	折扣
100 元以下（含 100 元）	无折扣
100 元以上，150 元以下（含 150 元）	8 折
150 元以上，400 元以下（含 400 元）	5 折
400 元以上	无折扣

注：该优惠政策不包含机场线。

案例分析

　　广州是 2010 年亚运会的举办城市，为了庆祝这一盛事，广州市政府决定在亚运会举办期间，为全体市民提供免费享受公共交通的服务。

　　于是在 2010 年 11 月 1 日，当时广州城市轨道交通包含的 144 个车站的所有自动检票机全部打开，只要乘客通过安检，不用买票刷卡即可免费乘坐地铁。

　　免费首日地铁的客流量直接突破 781 万人次，比免费前至少增多了 200 万人次。之后几天客流量越来越多，地铁一直超负荷运营，拥挤程度出人意料：安检的队伍排到出入口外、入站乘车至少等待 20 分钟、全天均处于运营高峰期、每天启动三级客流控制 20 多次等等。在免费服务一周后，广州地铁公司不得不提前恢复城市轨道交通收费。

　　请思考：城市轨道交通的票价高低能带来哪些影响？

5.1.3　票卡分类

1.　按票卡的状态分类

票卡的状态对于城市轨道交通票卡管理来说非常重要，它直接关系到票卡的结算。根据不同的分类方式，票卡可以分为不同的状态。

1）按票卡出入站状态分类

票卡按出入站的状态，可分为"已入站"和"未入站"两种状态。这是判断票卡状态与乘客所属状态是否一致的重要信息，正确区分票卡的出入站状态能够为处理票务问题提供依据。

已入站：乘客入站时，票卡经过进站检票机刷卡检票后所处的状态，此时票卡已被写入了进站信息。

未入站：票卡经过初始化，且由车站自动、半自动售票机售出，但还未经过进站检票机刷卡检票的状态，此时票卡中只有出售信息，还未被写入进站信息。

> **提　示**
>
> 处于"未入站"状态的票卡在符合条件时，可以退票；处于"已入站"状态的票卡在没有特殊情况时不能退还。

2）按是否被发售分类

根据是否被发售，票卡可以分为"未售""已售"和"回收"三种状态。这个信息主要用于对票卡进行线网内流转的判断。

未售：票卡经过初始化后配发到车站，但还未被发售时所处的状态。

已售：票卡经自动售票机、半自动售票机或人工售出后所处的状态。

回收：单程票由出站检票机回收后所处的状态，或者经过退卡操作后所处的状态，处于此状态的单程票可供车站循环发售。城市轨道交通储值卡经过退票处理后也处于"回收"状态。

2.　按票卡的储存介质和构造分类

按存储介质和构造不同，现存的城市轨道交通票卡主要有筹码式车票、卡片式车票和纸质车票 3 种。

扫一扫

地铁票的介绍

1）筹码式车票

筹码式车票是指外形为圆片状（见图 5-1），形似筹码或硬币，内部采用集成芯片储存数据的城市轨道交通车票。筹码式车票有着耐磨损、耐潮湿、体积小、成本低等优点，但是由于其体积小，所以乘客容易丢失，损耗较高，因此一些城市如南京、天津、武汉等，

只将其作为城市轨道交通单程票的票卡形式。

图 5-1　筹码式车票

2）卡片式车票

卡片式车票是指外部形似卡片，内部采用集成芯片储存数据的城市轨道交通车票。如图 5-2 所示，卡片式车票主要有单程票和储值卡两种形式，通常储值卡因要多次使用，会比单程票质量略好一些。卡片式车票面积比较大，因此运营部门会将代表城市文化的图案印在卡片上，作为展示城市特色的窗口。但是卡片式车票也会有一些缺点如易断裂、易污染、维护成本高等。总的来说，卡片式车票比筹码式车票使用范围更广，北京、上海、青岛、西安等国内大部分城市都选择使用卡片式车票。

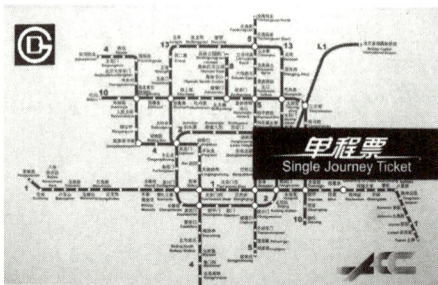

（a）北京地铁单程票　　　　　　　　　　（b）广西交通储值卡

图 5-2　卡片式车票

3）纸质车票

纸质车票是城市轨道交通车票最先使用的形式，它的生产成本较低，对技术要求也不高，一般为一次性使用，因此不需要维护。但是它需要人工检票，检票效率低，会给城市轨道交通的管理带来不便。目前，纸质车票一般应用于运营活动，例如，某条线路刚开通试运营时，会发放定量的纸质车票让市民免费试坐，如图 5-3 所示。

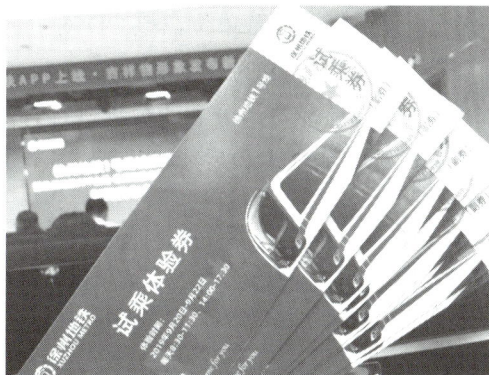

图 5-3　纸质车票

5.1.4　票款管理

1. 收入管理

城市轨道交通的票款收入主要有现金和移动支付。现金主要来源于车站备用金和车站通过自动售票机、客服中心办理业务过程中收取的票款。移动支付主要来源于乘客通过智能手机等移动终端所支付的票款。

现金的管理通常由售发票卡的车站负责，经由车站清点后，负责人员要及时将除备用金以外的部分存入银行，管理流程如图 5-4 所示。

图 5-4　现金管理流程

移动支付的票款通常会直接进入城市轨道交通管理中心的账户。

2. 清分结算

城市轨道交通票款清分就是采用科学合理的规则，来分配同一 OD 对上不同路径的客流分担比例，以及同一客流路径上各个运营单位的票款收益比例。票款清分的基本流程如下。

（1）清分准备。在进行票款清分前，应收集相关的信息，主要包括线网信息、清分规则、检票信息、票款去向及运营单位信息等。

（2）提取清分信息。从检票信息中提取线网中的全部 OD 对，从票款去向中提取每个 OD 对相应的票款收入及票款存放信息。

（3）根据清分规则进行清分。根据各运营单位的运营方式，采用合理的清分规则，针对每个 OD 对进行详细清分，获得每个运营单位在该 OD 对上的票款收入。统计所有 OD 对的票款清分情况，进而获得每个运营单位的总票款收入。

（4）清分检查。清分工作完成后，对清分后的数据进行合法性和完整性的检查。检查完毕后，对数据进行汇总和统计，为报表和后续票款清分做准备。

任务实施

认识地铁票价

任务描述

通过查阅资料，了解北京地铁票价的变化历程及各阶段的票价规则，分析北京地铁票价变化的原因。

任务目标

了解影响地铁票价的因素及票价变化的趋势，从而能根据城市轨道运营需求制定出合理的票价。

扫一扫
北京地铁票价的
变化历程

任务内容

学生两人一组自行组队，通过查阅期刊或上网的方式，了解北京地铁自建成后到目前为止几次调整地铁票价的背景、原因、结果、影响等信息，并将北京地铁票价变化历程的重要内容填写至表 5-3 中。

表 5-3　北京地铁票价变化历程

时间	线路数/条	客流量/人次	票价	票卡形式
1971 年	1	—	1 角	纸质车票
1987 年				
1991 年				
2007 年				纸质单程票 IC 卡月票
2008 年				
2014 年				

🖐 任务自测

小明利用暑假去北京旅游，他乘坐高铁到达北京西站，想要搭乘北京地铁去往天安门广场。经过查阅，他需要先搭乘开往国家图书馆方向的北京地铁 9 号线，乘坐 1 站之后，于军事博物馆站换乘开往四惠东方向的北京地铁 1 号线，乘坐 6 站之后即可到达天安门东站。已知北京西站到军事博物馆为 1.1 千米，军事博物馆站到天安门东站为 6.4 千米，请根据查阅的资料帮小明计算此次的车费是多少。

任务 5.2　票卡发售方式及售检自动化

🚄 任 务 引 入

小王是地铁的一名站厅服务人员。某日，两位老人在出站通过自动检票机时，由于操作不当，在放上票卡之后自动检票机并未正常打开，而且还鸣笛不止，老人反复尝试了多次，还是不能正常通过，这一举动也导致该自动检票机故障，且附近滞留了多名出站乘客。小王发现后立即礼貌制止了老人的行为，待自动检票机停止鸣笛后，他先帮助两位老人顺利刷卡出站，然后引导滞留乘客有序通过自动检票机。之后为了避免此次事件再次发生，他组织其他工作人员一同为自动检票机贴上了相关使用说明的标识。

请思考：小王在这件事情上的做法有什么能借鉴的地方？

🚄 知 识 准 备

5.2.1　票卡发售方式

当下现存的城市轨道交通票卡发售方式主要有人工售票和自动售票两种。

1. 人工售票

人工售票是指客服中心的工作人员通过半自动售票机（见图 5-5），为乘客办理票卡发售、票卡充值的业务。

此外，客服中心也负责退票、票卡异常处理、换零钱、甚至问路等业务，常见的客服中心如图 5-6 所示。虽然当下移动支付十分发达，但是车站难免会遇到一些需要兑换零钱、不熟悉换乘线路的乘客，因此设置客服中心很有必要。

图 5-5　半自动售票机

图 5-6　客服中心

2. 自动售票

自动售票是目前比较普遍的售票方式，乘客可以通过各车站入口处的自动售票机购买票卡。除了支持现金支付、找零、储值卡充值等功能，自动售票机还配备了移动支付的功能，极大地方便了乘客。目前上海、北京、广州、南京等城市的城市轨道交通车站都广泛使用了自动售票机。

与人工售票方式相比，自动售票具有速度快、能处理大量票务信息、支持计程计时票制等优点，有利于优化票务管理制度。

5.2.2　自动售检票系统

自动售检票系统（以下简称 AFC 系统）是以磁卡或智能卡为车票介质，利用自动售票机、半自动售票机、自动检票机等终端设备，并通过计算机网络实现城市轨道交通运营中的自动售票、自动检票、自动收费、自动统计的封闭式票务管理自动化系统。

AFC 系统通常包括自动控制、计算机网络通信、现金自动识别和大型数据库管理等高新技术。

1. AFC 系统的工作内容

城市轨道交通 AFC 系统的工作内容如下。

（1）实现中央系统、车站系统和终端设备之间的数据传输和处理。

（2）完成车票制作、售票、检票、票务统计分析等工作。

（3）及时、准确地进行客流、票务数据的收集、整理、汇总和分析。

（4）实现城市轨道交通收益方的清分结算，以及与关联系统之间的清分结算。

2. AFC 系统的作用

（1）提升运营管理水平，保障票务收益。

（2）落实管理责任，保证交易数据和票务信息的安全。

（3）简化相关工作人员操作，方便乘客出行，提高乘客的出行效率。

（4）提供准确的客流及票务统计分析数据。

（5）减少现金交易、人工记账及统计工作，提高准确率和工作效率。

知识拓展

1967 年，世界上第一套 AFC 系统在法国巴黎地铁安装使用成功。

1979 年，香港地铁首条线路开通，采用了 AFC 系统，这是中国的首个 AFC 系统。

1999 年 2 月，广州地铁 1 号线开通试运营，采用美国 CUBIC 公司 AFC 系统。

1999 年 3 月，上海地铁 1 号线同样采用了美国 CUBIC 公司 AFC 系统，并采用可循环使用的卡片式塑质票卡。

2003 年 12 月，北京第一套单线自动售检票系统在地铁 13 号线投入使用。2008 年 6 月，北京城市轨道交通路网 AFC 系统投入使用。

3. AFC 系统的发展方向

随着城市轨道交通的快速发展，以及相应技术的不断进步，城市轨道交通 AFC 系统总的发展趋势是标准化、简单化、集成化和人性化。

1）标准化

为实现城市轨道交通 AFC 系统在使用上的简便和集成，运营单位必须制定统一的标准和规范，使用统一的系统设备、终端设备和车票媒介，以实现不同线路之间的方便换乘。

2）简单化

AFC 系统的简单化是指将复杂的 AFC 系统通过系统集成，简化乘客的使用操作，从而提高乘客的操作效率。

3）集成化

城市轨道交通网络化的形成，使 AFC 系统规模越来越大，同时互相兼容、联乘优惠及跨系统结算等功能的实现，必然会使各种系统的关联度越来越高。因此，建立统一、标准化、跨平台、跨系统的 AFC 系统应用平台是未来 AFC 系统发展的必然方向。

4）人性化

AFC 系统作为一种与应用密切结合的系统，它的操作方式和界面设计都应遵循"以人为本"的理念，朝着人性化方向不断发展。AFC 系统的人性化主要包括以下几个方面。

（1）根据人体工程学基本原理设计终端设备的人机界面。

（2）设计符合乘客习惯的操作方式。

（3）设计合适的出入口通道，以方便轮椅人士、推折叠式婴儿车和携带大件行李的乘客进出站。

（4）能提供越来越多的相关信息。

5.2.3　自动售票机

扫一扫

自动售票机

1. 自动售票机概述

自动售票机（见图 5-7），通常设于车站的非付费区内，用于乘客自助式购买城市轨道交通票卡，以及对储值卡进行充值。自动售票机使城市轨道交通的运营更加信息化、现代化，并有助于提高运营效率。

图 5-7　自动售票机

自动售票机以主控单元为核心，还包含现金处理模块、票卡处理单元、乘客显示器、打印机、电源等部件。除此之外，工作人员还可以根据需要在自动售票机上配置触摸屏、运营状态显示器、银行卡读写器等。

2. 自动售票机的功能

自动售票机的基本功能是通过乘客的人机交互操作，为乘客提供售票、充值等业务。其具体内容如下。

（1）在乘客购票过程中，接收乘客的选择指令，并给出提示信息和操作指导。

（2）接收乘客投入的现金（或储值卡、信用卡等其他付费介质）并自动完成识别。对无法识别的现金（或储值卡、信用卡）予以退还。

（3）计算乘客投入的现金数量及购票金额，自动找零。

（4）完成票卡校验、票卡赋值及出票。

（5）根据车站计算机系统下发的参数和控制命令执行相应操作。

（6）对本机接收的现金进行管理。

（7）对各部件的工作状态进行自动检测，并及时报错。

（8）存储并向车站计算机系统上报状态信息和交易数据。

3. 自动售票机的使用

1）运营操作流程

每个城市轨道交通车站使用的自动售票机型号、技术性能、功能都有一定差异，但是基本操作步骤大同小异，自动售票机的日常运营操作流程如图 5-8 所示。

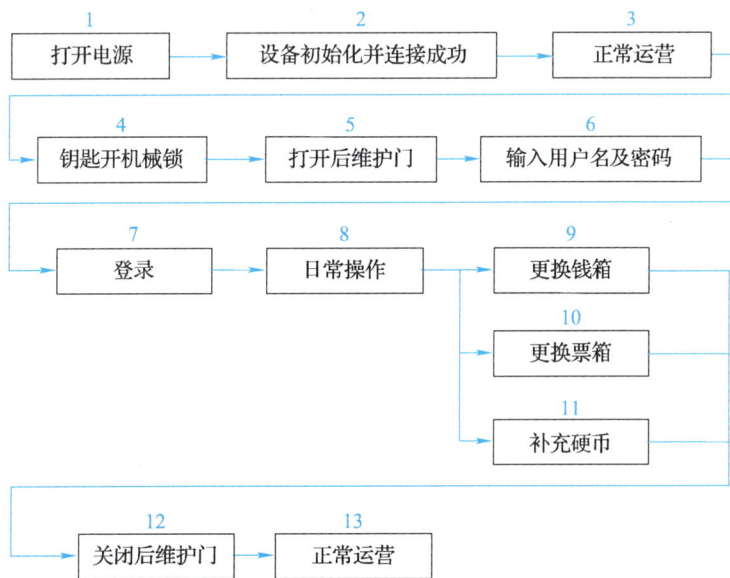

图 5-8　自动售票机日常运营操作流程

2）购票流程

自动售票机作为自助型系统设备，会有部分乘客对该设备的操作不熟练，此时相关工作人员应主动、热情地提供操作指引服务，帮助乘客在自助售票机的乘客操作主界面（见图 5-9）完成购票或充值。下面就对相关内容进行简要介绍。

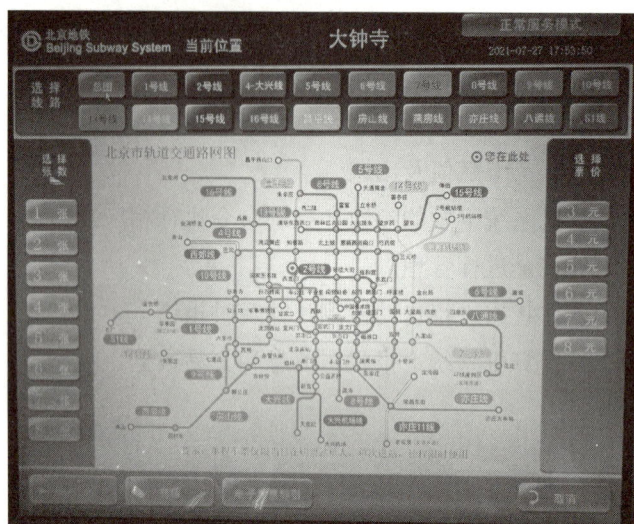

图 5-9　自动售票机的乘客操作主界面

（1）自动售票机购票操作。

通过乘客操作主界面，乘客可按地图、线路、票价三种方式选择目的地，来进行购票操作。一般的购票流程为：选择目的地所在线路、车站→选择票卡购买数量→支付金额→取出票卡及找零。

> 💡 **提　示**
>
> 乘客购票时，在完成支付全部金额之前，都可以取消购票交易。点击取消按钮，或在一定时间内不进行任何操作，自动售票机都会返还乘客所投的全部金额，并返回乘客操作主界面。

（2）自动售票机充值操作。

乘客使用现金在自动售票机上进行储值卡充值时，具体的操作流程为：在乘客操作主界面选择充值按钮→插入储值卡→投入纸币→对充值结果进行确认→取出储值卡和充值凭证，如图 5-10 所示。

> 💡 **提　示**
>
> 乘客对储值卡进行充值时，在完成支付充值金额之前，都可以取消充值交易。点击取消按钮，或在一定时间内不进行任何操作，自动售票机都会退还乘客所投入的储值卡，并返回初始界面。

（a）插入储值卡

（b）投入纸币

（c）确认充值结果

（d）取出储值卡

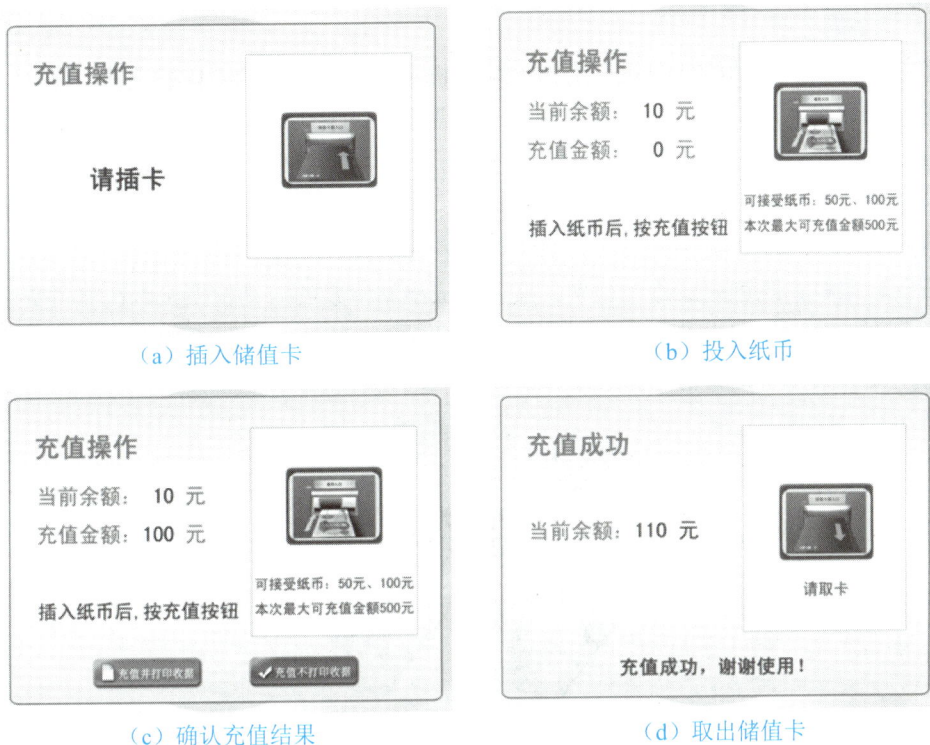

图 5-10　自动售票机乘客充值操作流程

5.2.4　自动检票机

1. 自动检票机的分类

自动检票机又称检票机，如图 5-11 所示，主要负责乘客自助进出站检票，以实现乘客在非付费区和付费区之间的通行。当识别到有效票卡时，自动检票机的通道阻挡解除，允许乘客进出站。

图 5-11　自动检票机

1）按功能分类

按功能不同，自动检票机可分为进站检票机、出站检票机和双向检票机 3 种。

进站检票机：用于完成进站检票的自动检票机，检票端设在非付费区一侧，无票卡回收装置。

出站检票机：用于完成出站检票的自动检票机，检票端设在付费区一侧，配有票卡回收装置。

双向检票机：既可完成进站检票，又可完成出站检票的自动检票机，在非付费区和付费区可分别按照进站和出站的处理规则完成检票功能，其结构如图 5-12 所示。双向检票机由于应用比较灵活，是目前城市轨道车站最常用的自动检票机。

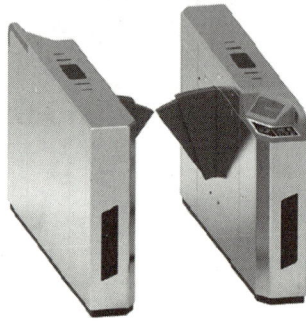

图 5-12　双向检票机

2）按阻挡装置类型分类

按阻挡装置的类型不同，自动检票机可分为三杆式检票机、扇门式检票机和拍打门式检票机，如图 5-13 所示。

（a）三杆式检票机　　　　　　　（b）扇门式检票机

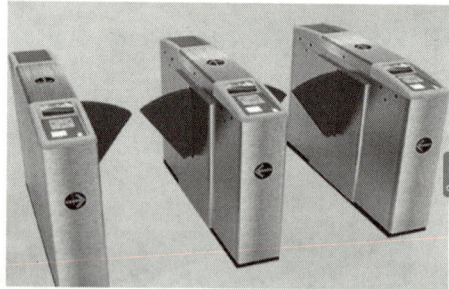

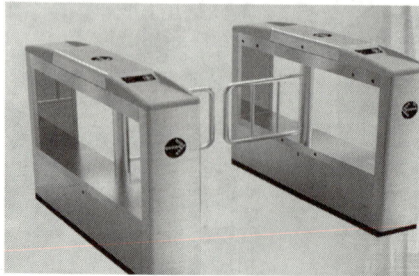

（c）拍打门式检票机

图 5-13　不同阻挡装置的检票机

3）按通道宽度分类

按通道宽度不同，自动检票机可分为标准通道检票机和宽通道检票机两类，如图 5-14 所示。宽通道检票机的设置主要是为了方便坐轮椅的乘客，以及推折叠式婴儿车或携带大件行李的乘客通行。通常，车站在设置自动检票机时可以将标准通道和宽通道检票机结合起来，在多个标准通道检票机的两端设置一到两个宽通道检票机。

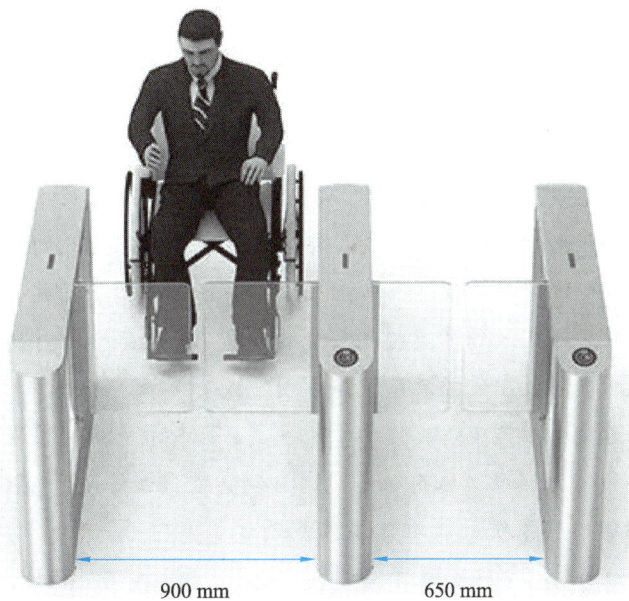

900 mm　　　650 mm

图 5-14　不同宽度通道的自动检票机

2. 自动检票机的功能

自动检票机的基本功能是对乘客所持的票卡进行检验，并完成进站或出站的票卡信息处理。根据收费规则，乘客在进入收费区及离开收费区时，都需要进行票卡检验。进入收费区时要检验票卡的合法性并记录进站的地点和时间；离开收费区时要检验票卡的合法性、进站信息的合法性，以及在收费区内的停留时间，然后根据进站位置、出站位置及相关票制和票价制定策略计算本次旅程的费用，完成票卡扣款（或回收）操作。自动检票机主要有以下功能。

（1）自动对票卡进行有效性检验，对有效票卡进行相应处理后打开闸门；对无效票卡拒绝放行。

（2）对通道的通行状态给出明确的指示；对票卡处理结果给出明确的提示信息；对特殊票卡的使用给出明确的提示。

（3）对需要回收的票卡可通过参数设置自动执行回收操作。

（4）对各部件的工作状态进行自动监测，并向车站计算机系统上报工作状态。

（5）对进出站客流量、车费扣除情况以及黑名单进行记录，并将交易信息进行上传。

（6）接收紧急按钮信号并控制设备的操作，接收车站计算机系统下发的参数和控制命令，并执行相应的操作。

（7）具有离线独立工作及保存数据的能力，在突然断电时，能够安全保存最后一笔交易记录及相关信息。

时代楷模

敢为人先，创新服务

由于乘客在地线路网是跨线流动的，要想实现客流精准监测的难度极大。面对这个挑战，北京市城市轨道交通指挥中心检测中心主任张莉，主动放弃春节休假，自大年初一便和同事们一起投入到客流监测系统的研发中。历经1个月的努力，在反复试错和修改完善后，路网数字化控流系统终于研发成功。

在北京市轨道交通指挥中心工作的十几年间，张莉牵头编制了城市轨道交通终端设备的地方标准和行业标准《城市轨道交通自动售检票系统运营技术条件》，推动城市轨道交通自动售检票系统的标准化工作；创建了国内第一套多线共用线路中心系统，有效提升了业务管理效率；主持建设了全球第一个 AFC 系统检测中心，研发大量新式检测装备，获得23项软件著作权，形成了11项发明专利。

在城市轨道交通自动售检票科研和生产一线上，她锐意进取、敢为人先，用坚韧的精神和过硬的技术推动了全行业自动售检票系统标准化建设，为城市轨道交通系统的进步贡献了自己的力量。

3. 自动检票机的使用

自动检票机安装于车站付费区与非付费区的交界处，每个车站根据站厅布局都安装了数组自动检票机，用于监控乘客进入或离开付费区。

工作人员在分布自动检票机时可根据实际情况灵活分配。例如，某地铁车站入站客流较多，工作人员将两个原本负责出站的检票机设置为进站检票（见图 5-15），这样可以尽快疏散入站客流。

乘客在进行检票时，需右手持电子或实体票卡检票，从检票口的左侧通道进站或出站。

图 5-15　出站口检票机设置

知识拓展

　　随着移动支付的普及，我国各个城市轨道交通运营单位也相继推出了扫码乘车、刷手机乘车、刷银联卡乘车的方式，乘客不再需要排队购买票卡，就能乘车。这些方式不但能方便乘客快速乘车，而且还能节约票卡的生产成本，已经被许多城市推广使用。如图 5-16 所示为乘客使用银联卡乘坐厦门地铁。

图 5-16　乘客使用银联卡乘坐厦门地铁

任务实施

引导乘客购票

任务描述

通过对引导乘客购票进行情景演练，掌握使用自动售票机购票的操作流程。

任务目标

能帮助他人使用自动购票机，并掌握相关的服务话术购票。

任务内容

1）情景导入

2021年五一黄金周，刘先生坐火车来杭州旅游，在到达杭州东站后，想乘坐地铁去西湖参观。由于第一次乘坐地铁，刘先生不知道如何使用自动售票机及自动检票机，便询问了站厅的服务人员小李。小李礼貌耐心地给刘先生讲解了地铁票卡的购买方法，以及如何进行检票进站。

2）情景练习

将学生分成若干组，每两人一组，分别担任乘客刘先生和站厅服务人员小李来模拟两者之间的情景对话。

任务角色：甲同学——刘先生，乙同学——小李。

甲：您好！

乙：先生，您好！请问有什么可以帮助您？

甲：我要从自动售票机上购买票卡，但是不知道怎么使用。

乙：请问您要去什么地方呢？（小李边询问边将刘先生带至一台空闲的自动售票机旁。）

甲：我要去西湖。

乙：距离西湖最近的地铁站是1号线的龙翔桥站，您先选择1号线，再点击目的地龙翔桥站，然后选所需要购买票卡的张数。选好以后，屏幕上会显示您的购票信息，在核对好之后，点击确认，然后在此处扫码付款，之后等待出票就可以了。（小李边说向刘先生演示如何购票。）

甲：谢谢您！

乙：不客气，请问先生，还有什么可以帮助您？

甲：请问要如何检票进站？

乙：您拿着票卡，去那边带有绿色箭头标志的自动检票机，把票卡放在检票机上面的刷卡处，刷卡成功后检票机闸门会自动打开，您就可以进站了。刷卡后记得把您的票卡收好，以免丢失。

甲：那要怎么出站呢？

乙：您到达目的地后，先确定您要去出站口，然后根据车站内的指引到达该出站口的自动检票机处，把票卡投入自动检票机上的票卡投入口，在闸门打开后通过自动检票机，就能出站了。

甲：好的，我知道了，谢谢您的耐心解释。

乙：不客气，请问您还有别的问题么？

甲：没有了，非常感谢！

乙：不客气！先生，请您慢走！

✋ 任务自测

请体验不同的地铁乘车方式，如 app 扫码乘车、单程票乘车、储值卡乘车等，并对比每种方式的优缺点。

行业知多少 ▶　　智慧车站　"点亮"创新型地铁

为了聚焦行业需求，给乘客出行带来新体验，北京地铁科技发展有限公司以北京地铁 5 号线东单站为试点车站，使用本公司自主研发的科技智能产品，建设创新型地铁。其中较为突出的是"独具慧眼"的自动检票机。

与普通自动检票机相比，该智能自动检票机不但更小、更薄、更美观，而且还装备了一双"眼睛"，也就是双目摄像头。这个双目摄像头，通过成像分析，可对乘客随行的物品、儿童、孕妇进行精准识别与保护，保障乘客安全过闸，实现有效防夹。除此之外，该机器还具有学习功能，可以精确识别目标的运动习惯，对刷卡的乘客进行监控和提醒，杜绝插队、强行进站不购票等现象，规范乘客的不文明乘车行为。

智慧车站的试点是科技元素应用到城市轨道交通领域的一大创新，随着智能化产品的普及，未来一定会有越来越多的高科技技术投入到城市轨道交通领域，让乘客感受到更多科技带来的便利。

（资料来源：http://www.beijing.gov.cn/fuwu/bmfw/jtcx/
ggts/202106/t20210615_2412546.html）

项目学习效果综合测评

一、选择题

1．下列属于按计程票制制定票价的是（　　　）。

　　A．北京地铁机场线的收费标准为 25 元/人次

　　B．某城市地铁规定乘坐地铁超过 1 小时后多收费 10 元

　　C．天津地铁 1 号线按照乘坐的区间数收费

　　D．武汉地铁乘坐距离越远票价越高

2．下列不属于票价制定原则的是（　　　）。

　　A．公益性原则　　　　　　　　　B．递远递增原则

　　C．比价合理原则　　　　　　　　D．可持续发展原则

3．下列属于自动售票机的功能的是（　　　）。

　　A．自动对票卡进行有效性检验，对有效票卡进行相应处理后打开闸门

　　B．对破损的票卡进行自动回收操作

　　C．对进出站客流量进行记录，并将信息上传

　　D．对储值卡进行充值，并打印凭条

4．下列不属于自动检票机的功能的是（　　　）。

　　A．对无效票卡拒绝放行

　　B．对车费扣除情况进行记录

　　C．对储值卡进行充值

　　D．对单程票进行回收

二、填空题

1．城市轨道交通票制是指城市轨道交通的_____和_____变化的规律，常见的票制有_____、计程票制、_____、_____4 种。

2．在为城市轨道交通制定票价时，应该遵循"_____，_____"的总原则。

3．_____的基本功能是通过乘客的人机交互操作，为乘客提供售票、充值等业务。

4．_____的基本功能是对乘客所持的票卡进行检验，并完成进站或出站的票卡信息处理。

三、综合题

1．现存的票卡种类有哪些？他们的优缺点各是什么？

2．简述自动售票机的操作流程。

项目 6

城市轨道交通运营效益管理

>>>>>>

　　由于城市轨道交通本身具有公益性的特点和准公共产品的属性，因此其运营不可避免地会出现亏损状况。但长期不断的亏损会使城市轨道交通的生存受到威胁，也就更谈不上发展了。因此，我们需要探索适合城市轨道交通发展的管理措施，对城市轨道交通进行有效的运营效益管理，使其长久、健康地发展下去。

班级＿＿＿＿＿＿＿　　　姓名＿＿＿＿＿＿＿　　　学号＿＿＿＿＿＿＿

项 目 工 单

请根据以下工单来学习本项目的内容，并总结自己的学习成果。

课程预习	☐	学习城市轨道交通运营成本的构成
	☐	学习城市轨道交通运营收入的构成
	☐	学习城市轨道交通运营利润的构成
	☐	学习城市轨道交通实现盈利的措施

知识学习	☐	掌握城市轨道交通运营成本的构成
	☐	掌握城市轨道交通运营收入的构成
	☐	掌握增加城市轨道交通运营利润的措施
	☐	了解运营成本管理中存在的问题
	☐	掌握改进运营成本管理的措施
	☐	掌握提升运营收入的措施

素质提升	☐	培养财务管理、勤俭节约的意识
	☐	拥有立足脚下、展望未来的信心
	☐	坚持实事求是、与时俱进的科学态度

技能测评	☐	能准确分析城市轨道交通运营的各项支出
	☐	能合理控制运营成本
	☐	能合理提高运营收入

任务 6.1　城市轨道交通运营成本、收入与利润

任务引入

在北京城市轨道交通相关的 5 个运营单位公布 2019 年运营资料中显示，除了大兴机场线和首都机场线之外的 19 条线路，在 2019 年的运营成本费用为 162.43 亿元。其中，北京地铁运营公司所负责的 15 条线路的运营成本费用为 115 亿元，这包含了主营业务成本 107.38 亿元和期间费用 7.71 亿元。

请结合所学到的知识思考：城市轨道交通的运营成本、收入和利润分别包含哪些部分？

知识准备

6.1.1　运营成本

城市轨道交通运营成本指的是城市轨道交通为完成乘客运输任务所消耗的所有费用支出。它的构成体系如图 6-1 所示，主要由营业支出和营业外支出两部分构成。

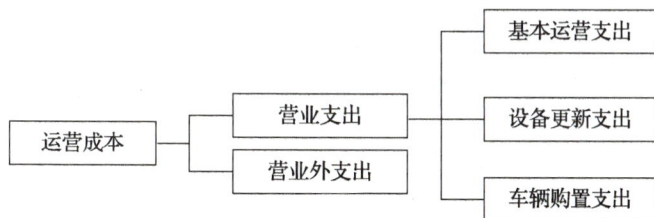

图 6-1　城市轨道交通运营成本的构成体系

1. 营业支出

营业支出是指与城市轨道交通的经营活动有直接关系的支出，它主要由基本运营支出、设备更新支出、车辆购置支出构成。

1）基本运营支出

城市轨道交通基本运营支出包含人工费、电费、维修费、折旧费等。其中，人工费和

电费所占比例较大，通常为营业支出的一半以上。目前，我国城市轨道交通的基本运营支出普遍偏高，每条线路的年基本运营支出通常为2亿至3亿元。但上海和广州城市轨道交通实行经营包干的模式，将每条线路的年基本运营支出控制在了2亿元的范围内。

城市轨道交通基本运营支出主要包括以下几部分。

（1）相关工作人员的工资、奖金、津贴、补贴等支出。

（2）在运营过程中，相关设备因日常使用和修理养护而耗用的材料、燃料、动力等支出。

（3）固定资产（如列车、线路轨道、相关设备等）的折旧费。

（4）在运营过程中所发生的周期性、季节性停工损失，以及设备维修期间的停工损失、事故性损失等。

（5）其他符合国家相关规定的支出，如工作人员的差旅费、劳动保护费等。

（6）按规定计提的员工福利费、员工教育费、技术转让费、技术开发费、广告费、土地使用费等。

（7）运营期间城市轨道交通为筹集资金而产生的各种费用，如利息净支出、金融机构手续费等。

2）设备更新支出

城市轨道交通运营一段时间后，会有部分设备需要重新投入资金进行更新，这也是一笔不小的支出。一般城市轨道交通的隧道和高架桥梁可沿用50年以上，短期内不需要新增投入来更新，但轨道、机电设备、车辆、车站及信号、通信设备需要在15年内逐步进行更新。参考上海、北京等地区的经验数据，我国每条线路平均每年用于设备更新的支出应在5 000万元以内。

3）车辆购置支出

随着城市轨道交通网络的逐渐形成及扩大，客流量会成倍增加，运营单位需要及时对车辆编组及行车组织进行调整，以满足运输的需求。因此，城市轨道交通运营单位除了在建设过程中要购入一定数量的车辆外，在运营过程中也需要根据客流量的增长，安排资金、添置车辆。

🎓 知识拓展

城市轨道车辆为定制产品，各个车型价格不同。我国早期的城市轨道交通车辆主要依靠进口，价格昂贵，如20世纪90年代上海地铁从德国引进的西门子全进口车辆，如图6-2所示，单辆车价格近亿元。随着我国科学技术的进步，国内生产制造的城市轨道交通车辆逐渐取代了进口车辆，它们不但性能过硬，而且价格也大幅度下降，例如使用率最高的B型国产地铁单辆车的价格在600万元左右，一列六节编组的列车价格在3 000万元左右。

图 6-2　上海地铁的进口车辆

2. 营业外支出

营业外支出是指与城市轨道交通的经营活动没有直接关系的支出，主要包括以下几部分。

（1）固定资产因报废、毁损和处置等所导致的净损失。

（2）非常损失，即由于客观原因造成的损失，包括但不限于自然灾害导致的损失、特殊情况导致的停工损失等。

（3）无形资产、在建工程的成本支出及折旧损失。

（4）公益救济性捐赠、赔偿金、违约金等其他支出。

6.1.2　运营收入

城市轨道交通运营收入主要分为票务收入和非票务收入。

1. 票务收入

票务收入就是平均票价与客流量的乘积，计算公式为

$$R_{票务} = F \times P$$

式中：

$R_{票务}$——票务收入（元）；

F　——平均票价（元/人次）；

P　——客流量（人次）。

票价一般受成本状况、利润目标、居民消费水平等因素的影响；客流量一般受土地利用、人口规模、票价、服务质量等因素的影响。关于票价和客流量的相关知识，已在前面的项目中进行了介绍，此处不再赘述。

2. 非票务收入

非票务收入是指除了售票之外的其他收入，主要包括经常性收入和非经常性收入两部分。

经常性收入主要指车站内的商务收入，其具体内容包括广告、商店租赁、对外顾问服务、管理服务等方面的收入，它是目前大部分城市轨道交通运营单位的主要非票务收入。

非经常性收入主要是指房地产物业开发的收入。由于建设城市轨道交通的费用很高，一些城市的政府无法支付巨额的投资，因此会以土地的形式进行投资，相关的运营单位会对这些土地进行开发，以适当补贴运营成本。

6.1.3 运营利润

运营利润是运营单位在一定时期内生产经营活动的最终财务成果，它的计算公式为

$$R = R_{票务} + R_{非票务} - TC - T + S$$

式中：

R ——运营利润（元）；

$R_{票务}$ ——票务收入（元）；

$R_{非票务}$ ——非票务收入（元）；

TC ——运营成本（元）；

T ——税金（元）；

S ——财政补贴（元）。

扫一扫

地铁是亏损还是盈利

城市轨道交通运营单位自负盈亏的标志是自我承担运营成本，且在没有财政补贴的前提下利润为正值。

某城市轨道交通年度损益表如表 6-1 所示，该城市轨道交通利润的主要来源为票务收入、商务收入，以及物业开发收入 3 部分，其中物业开发收入贡献最大。从表中可以看出，该城市轨道交通在没有财政补贴的情况下可以自负盈亏。尽管运营成本大于票务收入，但是依靠非票务收入，该城市轨道交通盈利状态良好。

表 6-1 某城市轨道交通年度损益表   单位：百万元

项目	金额
票务收入	6 282
商务收入	2 871
减：运营成本	−8 095
物业开发收入	6 145
减：所得税	−1 549
净利润	5 654

任务实施

了解城市轨道交通运营单位的实际财务状况

任务描述

通过对比我国部分城市的城市轨道交通运营收入、利润等数据，了解这些城市轨道交通运营单位的财务状况，并对其财务状况进行简单分析。

任务目标

能大致了解我国城市轨道交通运营单位的财务状况。

任务内容

（1）学生以小组为单位，根据表 6-2 中给出的我国部分重点城市地铁营收情况来计算各个城市地铁的利润，并填入相应的表格中。

表 6-2　2020 年部分重点城市地铁的营收情况　　　　　单位：亿元

城市	运营收入	运营成本	财政补贴	运营利润	实际盈亏
深圳	208.28	132.78	0.36	111.02	
北京	136.65	184.14	104.63	31.56	
广州	128.91	112.91	5.10	2.30	
成都	99.61	152.33	91.44	14.76	
武汉	84.74	67.11	1.00	16.68	
苏州	69.94	46.21	0.23	0.04	

注：实际盈亏=运营利润−财政补贴

（2）按照所计算的实际盈亏分别挑选出盈利最多的城市 A 和亏损最多的城市 B，然后根据表 6-3 所提供的该城市的日均客流与人均票价计算其相应的票务收入，并将票务收入占运营收入的比例标注在图 6-3 的相应位置。

表 6-3　2020 年部分重点城市地铁的运营信息

城市	日均客流量/万人次	人均票价/元
深圳	479	2.08
北京	627	1.78
广州	660	2.45
成都	399	1.76
武汉	208	2.91
苏州	85	1.61

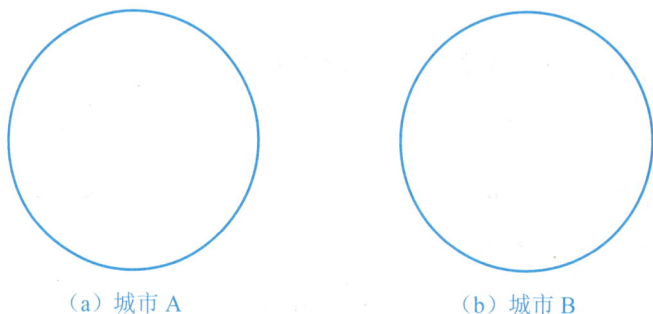

（a）城市 A　　　　　　　（b）城市 B

图 6-3　地铁票务收入占运营收入的比例

（3）分析 A、B 两城市地铁运营收入中票务收入和非票务收入的比例，并解释这两部分收入在运营收入中的意义。

任务自测

请计算其他城市地铁票务收入占运营收入的比例，并对比得出票务收入占比最大与票务收入占比最小的城市。

任务 6.2　城市轨道交通运营效益分析

任 务 引 入

2020 年 8 月，北京市公共交通的相关运营单位共同公布了 2019 年的成本费用，其中最引人注目的是北京地铁三大运营单位所披露的除首都机场线和大兴机场线外的 19 条线路的运营成本费用。数据显示，这些线路的运营成本合计

162.43 亿元,而 2019 年北京地铁乘客进站量达到 20.77 亿人次,因此可以估算出,19 条线路平均每人次的运营成本为 7.82 元。

根据北京地铁当年的票价政策,7 元最多可乘坐 52 千米,而在日常客流中,票价小于 7 元的客流占绝大多数。因此可以推断出,北京地铁 2019 年其实处于亏损状态。

请思考:如果要想扭转北京地铁的实际亏损状态,可以采取哪些措施?

知 识 准 备

城市轨道交通可以起到缓解城市交通压力的作用,为了实现盈利目标,保持它的可持续发展,相关运营单位需要对它的成本、收入等的构成进行详细分析,及时发现管理过程中存在的问题,并采取有针对性的措施。

6.2.1　城市轨道交通运营成本管理

1. 运营成本管理过程存在的问题

(1)城市轨道交通是一个专业多、技术密集的系统工程,其组织架构层级多,存在着资源分配不均或重叠、职权不清、组织流程复杂等管理问题。

(2)城市轨道交通相关基础设施及设备的更新缺乏长期、有效的规划,特别是在城市轨道交通网络形成的过程中,频繁的设施设备更新或改建会使运营成本和维护费用大大增加。例如,某车站为了连接城市轨道交通网络,短时间内进行多次改建,这会为运营单位带来巨大的费用负担。

(3)城市轨道交通的能耗支出是运营成本中的一个固定支出,且占运营成本的比例较大。一些车站无论客流量大小,空调、照明、扶梯等设备始终处于运作状态,造成了巨大的能源浪费。

(4)个别城市的城市轨道交通项目由于在建设前期盲目提高设备选型标准,采购并设置了大量不必要的大型机器设备,导致后期维护空置设备的费用增加。

(5)由于近年来新开通的城市轨道交通线路较多,造成城市轨道交通专业人才紧缺,各个城市均采取各项措施高薪引进轨道交通专业人才,使得运营整体人工成本居高不下。

2. 加强运营成本管理的措施

（1）建立预算制度，强化预算控制。运营单位可以按照成本预算定额，逐层分配各项相关费用，直到最基础项目，如基层的班组、人员的相关支出等，然后根据统一领导和分级管理相结合的原则，逐步建立"单位定额→部门定额→车间定额→班组定额"的逐级预算制度，以控制各项费用的使用，达到节约用款、合理用款的目的。

（2）合理控制设备、设施的更新、维护费用。目前，我国城市轨道交通相关设备设施的维修一般有自修和外包两种形式。选择合适的维修外包商是控制成本的一个重要因素，运营单位可以引入市场竞争机制，利用竞标等方式，降低维修成本。同时，运营单位还应加强维修人员的培训，使其掌握更多的常规设备维修、养护技术，减少外包维修资金支出。除此之外，运营单位还应该加强对设备的检测和定期保养，降低设备损耗，增加其服务寿命，进而使得维护成本得到有效控制。

（3）城市轨道交通运营单位应合理设计人力资源架构，在不降低运营服务标准情况下，采取措施减员增效，降低人工成本，如优化作业流程、发放鼓励津贴等。

（4）提高成本管理意识。运营单位可以设立与成本控制指标相关联的奖惩机制，对完成成本控制的部门或提供合理控制意见的个人给予适当奖励；反之，则进行一定的惩罚，这样可以提高工作人员对成本控制的积极性。

6.2.2　城市轨道交通运营收入提升

城市轨道交通运营单位想要实现盈利的目标就需要开源节流，节流就是控制运营成本，具体措施前面我们已经介绍过；开源就是提高运营收入，进而提高运营利润。鉴于城市轨道交通运营成本较高，仅依靠票务收入难以实现盈利目标，还需要运营单位提高非票务收入。同时，政府也应以市场化的方式对运营单位给予一定的扶持，如给予财政补贴或某些特许经营权。增加运营收入的具体措施如下。

1. 提升票务收入

由上文可知，城市轨道交通的票务收入与票价和客流量有关，因此要想提高票务收入可从以下两个方面入手。

1）改变票价

在考虑当地收入水平、物价指数等的基础上，运营单位可适当提高票价，或采用差别定价策略，在客流低谷时段适当降低票价，这些方式都可以增加票务收入。

2）提高客流量

提高客流量会对票务收入带来显著的影响，特别是在列车空载率高的情况下。运营单位要想提高城市轨道交通的客流量，应加快线网建设，提高城市轨道交通的覆盖面，以及与主要客流集散点的连通率，为乘客提供更加方便、快捷的出行。此外，提高城市轨道交通的服务水平、迎合乘客的需求也是吸引客流的重要措施。

2. 提升非票务收入

由上文可知，城市轨道交通的非票务收入分为经常性收入和非经常性收入两部分，因此要想提升非票务收入可从这两个方面入手。

1）提高经常性收入

城市轨道交通运营单位可以通过合理提高广告、租赁、管理服务等的收入来提高非票务收入。例如，常见的城市轨道交通广告有隧道中的 12 封灯箱广告（见图 6-4）、车站内墙壁上的 4 封灯箱广告、墙贴广告（见图 6-5）、列车屏蔽门贴广告（见图 6-6）、包车广告（见图 6-7）等，运营单位可以同过充分利用这些广告位，按照客流量或广告位面积大小进行定价，提高经常性收入。

图 6-4 12 封灯箱广告

图 6-5 墙贴广告

图 6-6 屏蔽门贴广告

图 6-7 包车广告

2）提高非经常性收入

城市轨道交通运营单位提升非经常性收入的方法是指取得城市轨道交通土地物业的开发权，如承担建造地上住宅、商场、写字楼、停车场和酒店等的费用和风险，继而从物业开发中获取收入。值得注意的是，物业开发不但能为城市轨道交通带来非经常性收入，

还能带动周边的经济发展，带来大量、稳定的客流，因此运营单位要综合考虑多方面因素，从长远的角度出发进行物业开发。目前，在这方面最具代表性的就是深圳城市轨道交通，有关数据显示，2020 年深圳城市轨道交通房地产开发的收入将近 150 亿元，约占其营业收入的 70%，这使得该运营单位的盈利金额远超其他城市轨道交通。

多种多样的地铁文化

任务实施

了解提升运营效益的措施的实用性

任务描述

通过所提供的资料，对比各重点城市的城市轨道交通收入构成，切实感受各城市所采用的提升运营效益的措施。

任务目标

通过了解各提升运营效益的措施的可实施性，分辨出适用于不同城市的有效提升运营效益的措施。

任务内容

学生自行组队，每队 4～6 人，通过查阅资料了解表 6-4 中各运营单位其他收入的具体来源，并回答下列问题。

表 6-4　2020 年部分重点城市运营单位运营收入　　　　单位：亿元

运营单位	运营收入	主要运营收入构成		其他收入的主要来源
		票务收入	其他收入	
深圳地铁集团有限公司	208.28	36.49	149.43	站城一体化开发
北京基础设施投资	136.65	40.77	54.67	房地产开发
			10.35	智慧轨交服务
广州地铁	128.91	59.07	30.71	物业经营
			25.20	行业对外服务
成都轨道交通	99.61	25.73	54.61	PPP 工程收入
武汉地铁	84.74	22.1	53.20	土地一级开发
苏州轨道交通	69.93	5.01	63.28	票款补贴
宁波轨道交通	54.11	2.25	49.95	商品房销售

（1）有哪些运营单位的其他收入是来自于房地产/土地/物业收入？它占各运营单位运营收入的比例是多少？

（2）请查阅资料，了解上文中所提到的广告收入在实际情况中是多少？

任务自测

请查阅南京、南昌、沈阳地铁运营收入的分布，他们在提升运营收入方面有哪些创新？

行业知多少 ▶ **降本增效　建设节约型地铁**

随着地铁车辆的不断增加和线路的不断延伸，北京地铁总体能耗也在不断增加。为了有效控制城市轨道交通的运营成本，北京地铁围绕"节电"这一目标，从管理节能、技术节能等多个方面，努力建设"节约型地铁"。

首先，北京地铁统一编制的《节能操作手册》中列举了如预备车断电、列车 20 点 30 分之后由自动转为人工驾驶，地面和高架线路 10 点到 15 点之间关闭列车客室照明等 28 项节能降耗的"小技巧"，来帮助相关单位省电。根据评估，各项节电技巧能累计帮助运营单位年节电 8 000 万度。

其次，为了减少站内的照明用电，北京地铁在"先试点、总结改进、再推广"的基础上，共推广了 16 万支 LED 绿色照明灯，帮助运营单位每年节省 4 400 万度电。这不仅节能环保，还因 LED 照明灯年故障率小于 1%，能大幅减少维修工作量。

此外，北京地铁为超过 66 座车站改造了通风空调系统。通过改造，运营单位实现了通风空调系统综合节能 30% 以上的目标。

通过以上举措，北京地铁的电费在运营成本中的占比下降至少 7 个百分点，2020 年运营成本较年度预算减少 10 亿元以上，降本增效成效显著。

在"十四五"期间，北京地铁还将以每年最少 1 条线路的速度，继续推进车站 LED 照明改造，争取实现年节电 1 500 万度以上；同时还为北京地铁 10 号线二期和北京地铁 15 号线的 37 座车站进行通风空调系统的节能改造，以期实现年节电 1 000 万度的目标。

（资料来源：http://www.beijing.gov.cn/ywdt/gzdt/202105/t20210531_2401751.html）

项目学习效果综合测评

一、选择题

1. 下列不属于城市轨道交通营业支出的是（　　　）。
   A. 购买轨道支出 2 亿元
   B. 支付 50 万元升级车站内自动检票机
   C. 支付工作人员薪酬 300 万元
   D. 维修车站内电扶梯花费 5 万元

2. 下列不属于非票务收入的是（　　　）。
   A. 在地铁上方修建大型商场获利 13 亿元
   B. 收到政府补贴 20 亿元
   C. 将高架桥下的围栏作为广告牌，年租赁费为 5 000 万元
   D. 租赁地铁口作为便利店收入 2 000 万元

3. 下列不属于城市轨道交通营业外支出的是（　　　）。
   A. 由于突发事件为多名受伤者累计赔偿 500 万元
   B. 线路故障导致地铁停运，直接经济损失 7 000 万元
   C. 设备每年的折旧费为 500 万元
   D. 为全体工作人员发工资 2.5 亿元

4. 下列属于提升城市轨道交通运营效益措施的是（　　　）。
   A. 在车站中使用节能灯，提高净利润
   B. 使用定员人数较多的车辆，提升载客量
   C. 对工作人员进行精简
   D. 使用无声列车，降低市区的噪音分贝

二、填空题

1. 营业支出是指与城市轨道交通的经营活动＿＿＿＿＿＿＿＿＿＿的支出，它主要由＿＿＿＿＿＿＿＿＿＿支出、＿＿＿＿＿＿＿＿＿支出、＿＿＿＿＿＿＿＿＿支出构成。

2. 城市轨道交通运营单位自负盈亏的标志是＿＿＿＿＿＿＿＿＿＿＿＿＿，且在没有＿＿＿＿＿＿＿＿＿＿的前提下利润为正值。

3. 票务收入就是＿＿＿＿＿＿＿＿＿与＿＿＿＿＿＿＿＿＿的乘积，计算公式为＿＿＿＿＿＿＿＿＿＿＿＿＿。

4．非票务收入是指除了售票之外的其他收入，主要包括＿＿＿＿＿＿＿＿＿＿＿＿和
＿＿＿＿＿＿＿＿＿＿＿＿＿＿＿＿＿＿＿＿两部分。

三、综合题

1．有哪些措施可以加强运营成本的管理？

2．请说说城市轨道交通为城市带来的变化。

项目 7

城市轨道交通安全管理

　　城市轨道交通安全管理是所有工作的重中之重，是保障城市轨道交通正常运营的前提。运营单位要时刻将城市轨道交通的安全放在工作的第一位，切实保障好乘客和相关工作人员的生命安全。在进行安全管理时，运营单位要制订出完善的管理制度，建立科学有效的应急预防机制，实施有效的安全管理措施。

班级_____ 姓名_____ 学号_____

🚄 项 目 工 单

请根据以下工单来学习本项目的内容，并总结自己的学习成果。

课程预习	☐	学习城市轨道交通安全管理的法律依据
	☐	学习城市轨道交通安全管理的主要内容
	☐	学习城市轨道交通常见突发事件的应急处理

知识学习	☐	了解城市轨道交通安全管理的基本理论
	☐	熟悉城市轨道交通运营突发事件的分级
	☐	熟悉城市轨道交通运营安全的影响因素
	☐	掌握城市轨道交通行车调度安全管理的内容
	☐	掌握城市轨道交通调车作业与列车驾驶作业安全管理的内容
	☐	掌握城市轨道交通接发列车作业安全管理的内容
	☐	掌握城市轨道交通设备安全管理的内容
	☐	掌握城市轨道交通常见突发事件的应急处理过程

素质提升	☐	具备防患于未然、生命高于一切的意识
	☐	培养严格执行规章制度的意识
	☐	培养对问题的分析判断能力

技能测评	☐	能按照相关规章制度为城市轨道交通组织制订相关安全管理工作条例
	☐	能安全管理行车调度、调车作业
	☐	能安全管理列车驾驶作业、接发列车作业
	☐	能正确处理运营期间的列车车门故障
	☐	能正确组织车辆脱轨、正线大面积停电、火灾、恶劣天气的应急处理工作

任务 7.1　城市轨道交通安全管理概述

任务引入

2021 年 7 月 18 日清晨，北京石景山突发强降雨，受降雨影响，该区多处出现大面积积水，金安桥附近一度积水严重，致使北京地铁 6 号线金安桥地铁站内积水倒灌。

于是北京地铁官方发布紧急消息，对金安桥站（6 号线、S1 线）采取封闭措施，6 号线西端起始站临时变更为杨庄站，S1 线东端起始站临时变更为桥户营站。同时，石景山区消防救援支队抗洪抢险应急分队也迅速响应，前往金安桥地铁站组织排水作业。经过消防员 3 个小时不间断地作业，在当日中午时分，所有积水区域排涝完毕，该车站基本恢复正常运营。

请思考：发生上述安全事故的原因是什么？相关工作人员今后应该如何预防和处理该类事故？

知识准备

7.1.1　安全管理理论与法律依据

1. 安全管理理论

我国城市轨道交通安全管理理论是从 20 世纪 50 年代逐渐发展形成的，主要有事故致因理论、安全系统工程理论和安全风险管理理论，其中与城市轨道交通日常运营关系比较密切的是事故致因理论。

事故致因理论认为，任何事故的发生都有其自身的规律和特点，只有掌握了事故发生的规律和特点，才能对引起事故的各种因素进行控制和预防，从而保证生产经营处于安全状态，它主要有以下几个方面的内容。

1）事故因果连锁

任何安全事故都是具有一定因果关系的连锁事件，任何连锁事件都包括遗传及社会环境、人的缺点、人的不安全行为或物的不安全状态、事故、伤害 5 个元素，当其中任何一个元素发生异常时，都会像多米诺骨牌一样使其他元素发生异常，并导致安全事故的发生。因此为了避免以上情况的发生，城市轨道交通相关工作人员在进行安全管理时，应该将工作重点放在去除中间的元素，即防止人的不安全行为或消除物的不安全状态，从而中断事故连锁的进程，从而将事故扼杀。

> ### 知识拓展
>
> 　　多米诺骨牌是一种长方体骨牌，如图 7-1 所示，起源于中国北宋时期。在进行多米诺游戏时，玩家会将骨牌按照一定的间距排列成行，只需碰倒第一枚骨牌，其余的骨牌就会产生连锁反应，依次倒下。
>
>
>
> 图 7-1　多米诺骨牌

2）能量意外释放

　　安全事故及其造成的伤害或损坏，通常都是由生产经营过程中不正常的或不希望的能量释放引起的，因此可以通过减少能量释放和加强能量屏蔽来预防。根据这一特点，可以将导致安全事故发生的危险源分为客观存在的危险物质和破坏危险物质保护措施的不确定因素。

　　例如，城市轨道交通列车在运行时具有很大的速度，它与站台上的乘客相接触时会使乘客受伤，那么运行中的列车对站台上的乘客来说就是客观存在的危险物质。为了避免乘客接触此类危险物质，于是车站普遍安置了屏蔽门，但是如果工作人员怠工，不对屏蔽门进行保养，那么屏蔽门就有可能失去保护功能而导致列车撞人事故的发生，此时，工作人员的怠工就成了破坏危险物质保护措施的不确定因素。

　　因此，为了减少安全事故的发生时，相关工作人员可以从减弱危险物质释放的能量和加强能量屏蔽两方面进行预防，例如，限制能量的大小，设置屏蔽设施，使用阻燃材料等。

> **✕ 课堂讨论**
>
> 请思考：在生活中有哪些常见的危险物质？为了避免其能量意外释放而造成的伤害，人们能采取的安全措施有什么？

3）轨迹交叉

安全事故的发生是许多相互联系的事件发展的结果，这些事件共包含人和物（包括环境）两大发展系列。当人的不安全行为和物的不安全状态，在一定时间、空间上发生接触后，能量转移于人时，人就会受到伤害；能量转移于物时，物就会产生损坏。例如，城市轨道交通运营中发生的车门夹人事故，就是因为乘客、工作人员的不安全行为和车门的不安全状态在一定时间、空间上发生接触而引起的。其中，乘客的不安全行为是在车门关闭铃声响起后强行上车；工作人员的不安全行为包括在车门即将关闭时没有制止乘客上车，以及在夹人事件发生后没有及时发现和采取措施等；车门的不安全状态包括没有防夹功能或防夹功能失效等。

由此可以看出，造成这种安全事故最直接的原因是管理缺陷。因此，相关的工作部门应该采取相应措施，控制人的不安全行为或物的不安全状态，避免二者在某个时间、空间上交叉，这样就会在很大程度上避免安全事故的发生。

2. 安全管理的法律依据

1）《城市轨道交通运营管理规定》

《城市轨道交通运营管理规定》是交通运输部为了规范城市轨道交通运营管理，保证城市轨道交通正常、安全运营，维护城市轨道交通运营秩序，保障乘客和城市轨道交通运营者的合法权益而制定的。

这一规定主要适用于城市轨道交通的运营及相关管理活动，一共包含 7 章 56 条，其基本结构为总则、运营基础要求、运营服务、安全支持保障、应急处置、法律责任、附则。

2）《国家城市轨道交通运营突发事件应急预案》

《国家城市轨道交通运营突发事件应急预案》（以下简称《预案》）是国务院办公厅对城市轨道交通运营过程中发生的因列车撞击、脱轨，设施设备故障、损毁，以及大客流等情况，造成人员伤亡、行车中断、财产损失等突发事件的应对工作说明。

《预案》共包含 7 个部分，分别为总则、组织指挥体系、监测预警和信息报告、应急响应、后期处置、保障措施、附则。

当发生地震、洪涝、气象灾害等自然灾害，恐怖袭击、刑事案件等社会安全事件，以及其他因素影响或可能影响城市轨道交通正常运营时，相关工作人员应依据国家出台的相关预案执行，同时参照《预案》组织并做好监测预警、信息报告、应急响应、后期处置等相关工作。

3）各地政府颁布的城市轨道交通安全管理条例或办法

扫一扫

武汉地铁全力保障
运营安全

已开通运营城市轨道交通的城市应该在《城市轨道交通运营管理规定》的基础上，结合本地运营特点制定相应的地方城市轨道交通安全管理条例或办法。

以北京市为例，从2015年5月1日起北京市的城市轨道交通活动均应遵守北京市第十四届人民代表大会常务委员会第十五次会议表决通过的《北京市轨道交通运营安全条例》（以下简称《安全条例》）。

《安全条例》共包含7章78条，其基本结构为总则、运营安全风险前期防控、设备设施运行安全与保护、运营组织安全与服务、应急管理、法律责任、附则。此外，《安全条例》在以下几个方面进行了详细规定。

（1）禁止危害城市轨道交通设备设施安全的行为。

《安全条例》的第二十七条规定："禁止下列危害轨道交通设备设施安全的行为：① 损坏隧道、轨道、路基、高架、车站、通风亭、冷却塔、变电站、护栏护网等设施；② 损坏车辆或者干扰车辆正常运行；③ 损坏或者干扰机电设备、电缆、通信信号系统、自动售检票系统、视频监控设备等；④ 擅自在高架桥梁上钻孔打眼，搭设电线或者其他承力绳索，设置附着物；⑤ 损坏、移动、遮盖安全标志；⑥ 其他危害轨道交通设备设施安全的行为。"

案例分析

　　北京市城市轨道交通执法大队在对北京地铁八通线双桥站至管庄站区间内的高架桥进行检查时发现，某公司承包该线路附近的停车场后，纵容其工作人员擅自破坏地铁高架桥下的护栏护网5处共20多米，以及在高架桥下方的空间内乱停车，严重危害了城市轨道交通设备设施的安全。

　　对此，北京市城市轨道交通执法大队依据《安全条例》向该公司开具了《责令限期改正通知书》，责令其10日内整改，并对该公司罚款2万元。

　　请思考：案例中的公司违反了《安全条例》中的哪些条款？

（2）制定乘客行为守则，规范乘客行为。

《安全条例》的第三十七条规定："市交通行政主管部门应当制定本市《轨道交通乘客守则》，对乘客安全乘车行为作出规范；乘客进站、乘车应当遵守《轨道交通乘客守则》，服从运营单位管理，维护运营安全秩序，保护自身人身财产安全。当乘客违反《轨道交通乘客守则》时，运营单位有权采取制止、劝离或者拒绝提供服务等措施。"

（3）禁止危害城市轨道交通运营安全的行为。

《安全条例》的第四十三条规定："禁止下列危害城市轨道交通运营安全的行为：① 擅自进入轨道、隧道等高度危险活动区域；② 擅自进入控制室、车辆驾驶室等非公共区域；③ 向车辆、维修工程车或者其他设备设施投掷物品；④ 在轨道线路上放置、丢弃障碍物；⑤ 在高架线路桥下空间、站前广场存放、使用有毒有害、易燃易爆危险物品；⑥ 在通风亭周边排放粉尘、烟尘、腐蚀性气体；⑦ 在保护区内烧荒、燃放烟花爆竹；⑧ 在车站出入口、疏散通道内、闸机口滞留；⑨ 强行上下车；⑩ 在非紧急状态下动用紧急或者安全装置；⑪ 在车站、车厢或者疏散通道内堆放物品、设置摊点等影响疏散的行为；⑫ 攀爬、跨越护栏护网，违规进出闸机；⑬ 在运行的自动扶梯上逆行；⑭ 在车站、车厢内追逐、打闹或者从事滑板、轮滑、自行车等运动；⑮ 在车站、车厢内乞讨、卖艺；⑯ 在车站、车厢内派发广告等物品；⑰ 其他危害轨道交通运营安全的行为。"

🔧 **课堂讨论**

　　在你搭乘地铁时，或许碰到过这样的场景：一些人背着背包、挂着拐杖，手里拿着零钱甚至二维码，挨个向车厢里的乘客讨要零钱，他们就是城市轨道交通乞讨者。但是细心的你也会发现，现在这一类人在北京地铁内了无踪迹。那是因为《安全条例》中规定："禁止在车站、车厢内乞讨、卖艺"，如遇乘客违反规定，运营单位有权制止，并由市交通行政主管部门予以警告，可处 50 元以上 1 000 元以下罚款。

　　请思考：这一举措给城市轨道交通运营管理带来哪些影响？

7.1.2　运营突发事件分级

在城市轨道交通运营范围内，由于城市轨道交通运营单位自身、乘客自身、不可抗力、社会治安等原因，在运营生产中造成人员伤亡、设备损坏、财产损失、中断行车及其他危及运营安全的情况，均为城市轨道交通运营突发事件。

在《国家城市轨道交通运营突发事件应急预案》中，按照事件严重性和受影响程度，将城市轨道交通运营突发事件分为特别重大、重大、较大和一般 4 级。

1. 特别重大运营突发事件

特别重大运营突发事件是指造成 30 人以上死亡，或 100 人以上重伤，或直接经济损失 1 亿元以上的事件。

2. 重大运营突发事件

重大运营突发事件是指造成 10 人以上 30 人以下死亡，或 50 人以上 100 人以下重伤，或直接经济损失 5 000 万元以上 1 亿元以下，或者连续中断行车 24 小时以上的事件。

3. 较大运营突发事件

较大运营突发事件是指造成 3 人以上 10 人以下死亡，或 10 人以上 50 人以下重伤，或直接经济损失 1 000 万元以上 5 000 万元以下，或连续中断行车 6 小时以上 24 小时以下的事件。

4. 一般运营突发事件

一般运营突发事件是指造成 3 人以下死亡，或 10 人以下重伤，或直接经济损失 50 万元以上 1 000 万元以下，或连续中断行车 2 小时以上 6 小时以下的事件。

7.1.3 运营安全的影响因素

1. 人员因素

在城市轨道交通突发事件中，约 70% 以上是人员因素导致的。例如，城市轨道交通的相关工作人员业务不熟、操作不当、职责疏忽等会对城市轨道交通的安全产生影响。又如乘客不遵守乘车规则，轨道沿线居民缺乏安全常识等也会导致突发事的发生，影响城市轨道交通的正常运营。

2. 设备因素

设备因素是除人员因素以外的另一个影响城市轨道交通安全的重要因素。状态良好的运营设备不但是城市轨道交通运营的基础，还是城市轨道交通安全运营的重要保障。设备因素主要包括基础设备和安全技术设备。其中，基础设备主要是指桥梁、隧道、轨道、车辆、信号设备、通信设备等；安全技术设备主要是指安全监控设备、安全检测设备、应急救援设备等。

3. 环境因素

环境因素主要是指自然灾害，如暴雨、暴雪、台风、地震等，其对城市轨道交通运营安全的影响也很大。例如，暴雨可能会导致车站雨水倒灌、隧道积水严重，暴雪可能会导致车辆打滑，台风可能会对接触网供电产生影响，地震可能会导致列车脱轨。

4. 管理因素

管理因素主要是指对城市轨道交通相关作业的计划、组织、指挥、协调、控制等管理措施。完善的管理措施能在很大程度上避免突发事件的产生，或降低突发事件造成的影响。

任务实施

完善安全管理制度规章

任务描述

通过分析城市轨道交通在运营过程中出现的事故，从而发现事故发生的原因，并能制定相关的制度规章避免此类事件的再次发生。

任务目标

能结合事例分析事故的前因后果及运营过程中需要完善的地方，并能将经验教训转化为规章制度指导城市轨道交通安全管理工作。

任务内容

学生通读阅读以下材料，并结合本任务所学到的知识回答相关问题。

地铁车门夹人事故

20××年××月×号 19 时左右，××地铁 5 号线×××站，一女子被夹在屏蔽门和车门中间，而后车辆开走导致悲剧发生，女子送医后抢救无效死亡。

据看过事故全过程视频监控的工作人员介绍："视频显示当时站台非常拥挤，人特别多。事发时，从监控可以看到人群非常惊慌，有很多人拍打屏蔽门，但是车辆还是开走了。"该工作人员还介绍："5 号线每个车身仅有头尾两个监控，而且都是平行于车身的，没有侧面监控。事故究竟是怎么发生的，所有的监控都看不清。"

经调查人员分析，此次事故涉及的问题有以下几个方面。

（1）设备的安全性和可靠性问题。"无论是屏蔽门还是车门都是夹不死人的，因为门上有传感器（防夹挡板），有人就会打开。"调查人员认为，城市轨道交通不应一味地追求正点率和缩短行车间隔，更要考虑设备的维护和保养。

（2）未确认安全，车辆为何启动了。按照城市轨道交通的站台标准化作业流程，站务人员确认车门、屏蔽门安全后，打出允许列车出站的手势，车头的驾驶员会在车门口以手势回应，确认安全再返回驾驶室启动列车。但该乘客被夹，站务人员和驾驶员都没有及时发现，并正常启动了列车。调查人员质疑，他们是否按照规定进行了安全检查。

（3）城市轨道交通车站需要加强安全监控。否则一旦发生意外，很难还原过程。调查人员提议，应严格落实监控制度，只有地面观察人员和监控摄像头都没有发现意外情况时，才能发车。

（4）屏蔽门加装防夹装置后，虽然从硬件上大幅降低了乘客被夹的风险，但要完全避免还需要乘客给予配合：一是乘客一定要等车门和屏蔽门依次完全开启后，再上下列车；二是当关门提示铃声响起后，不要再抢上抢下或扒拽车门，注意自身安全。

（1）根据安全管理理论的内容来分析上述事故发生的原因。

（2）为了避免上述事故，相关规章制度中还应添加哪些条文？

👆 **任务自测**

以上案例涉及城市轨道交通安全管理的基本内容的哪些方面？

任务 7.2　城市轨道交通安全管理的主要内容

🚄 **任务引入**

表 7-1 为城市轨道交通系统中曾经发生的一些安全事故。请通过阅读后思考：这些事故涉及城市轨道交通安全管理的哪些内容？如何避免这些事故再次发生？

表 7-1　我国城市轨道交通部分行车事故

事故详情	事故原因	伤亡
某市地铁 10 号线在早高峰期间车门故障运行，经检修人员确认该故障无法在短时间内恢复后，列车清客退出运营	乘客抢上列车导致屏蔽门无法关闭	无
某市地铁 4 号线 A 站至 B 站间于当日下午 1 时 37 分发生瘫痪，至当晚 7 时 45 分才恢复运行时，行车中断超过 6 小时	供电网络中断	无
某市地铁 10 号线在某日下午 14 时许发生列车追尾事故，致 270 多名乘客受伤	人工调度未按规定作业	270 多人受伤
某市地铁 2 号线 A 站于当日上午 11 时 32 分发现站前接触网绝缘子打火花，11 时 36 分再次打火，造成接触网瞬间断电，8 秒后恢复供电。当时一列列车正通过该站，经检查该车未受影响	接触网绝缘子打火致瞬间断电	无

知 识 准 备

7.2.1 行车调度安全管理

1. 行车调度员的安全职责

城市轨道交通行车调度是一项由相互联系、相互影响的多部门、多单位共同合作完成的工作。这其中行车调度员扮演着一个中枢指挥者的角色,他使得各相关部门和单位紧密联系、协调一致、有序运行,对保障行车安全具有决定性的作用。

在城市轨道交通运营管理中,行车调度员的基本任务和对行车安全的作用如表 7-2 所示。

表 7-2 行车调度员的基本任务和对行车安全的作用

基本任务	在行车安全中的作用
组织指挥各部门、各工种严格按照列车运行图工作	指挥行车相关人员完成各项行车作业,保证列车安全、正点运行
监控列车发到及途中运行情况,确保列车运行秩序的正常	
当列车运行秩序不正常时,及时采取措施,尽快恢复正常运行秩序	
及时、准确地处理行车异常情况,防止行车事故的发生	组织、协调、监督、检查行车各有关部门的安全生产,纠正各种违规现象,及时处理行车中发生的问题,消除事故隐患,防止发生行车事故
随时掌握客流情况,及时调整列车运行方案	
检查、监督行车相关部门执行运行图的情况,发布调度命令	
当发生行车事故时,按规定程序及时向上级主管部门汇报,并采取措施防止事故扩大,积极参与组织救援工作	在发生事故后,积极组织救援,减少事故损失

2. 行车调度作业安全要求

为预防行车调度事故,确保行车安全,对行车调度作业安全的要求如下。

(1)行车调度员必须通过专业、系统的城市轨道交通调度指挥培训,并取得相应的资格证书。此外,新设备投用或行车调度员变岗、再上岗(离岗 6 个月及以上)时,也应对行车调度员进行再培训,确定考核合格后上岗。

(2)较高的业务水平和应急处理能力是行车调度员做好安全指挥工作的基础。行车调度员必须熟悉主要行车相关人员的情况,做好车辆、线路、设备等方面的知识,熟知各项规章制度和各种行车作业的程序,掌握与其他调度员的工作衔接,掌握处理各种行车意外情况和行车事故的方法,做到调度指挥胸有成竹、沉着冷静。

（3）城市轨道交通行车调度工作必须严格执行单一指挥的原则。凡是指挥列车运行的命令和口头指示，只能由行车调度员发布，行车相关人员必须坚决执行，不得违反。坚决禁止令出多口或多头指挥，维护行车调度命令的严肃性和权威性。

（4）行车调度员发布命令应准确、及时、完整。发布调度命令时应严格按照"一拟、二签（领导、值班主任签发）、三发布、四复诵核对、五下达命令号码和时间"的程序办理，调度命令必须先拟后发，不能边拟边发。

7.2.2　调车作业安全管理

调车作业是指除列车在正线运行、车站发到以外的一切机车、车辆或列车有目的的移动。

1. 调车作业安全要求

为避免调车作业事故，在调车作业前期应做好准备工作，包括核对计划、确认进路、检查线路上有无障碍物、检查停留车位置、检查防溜措施、检查道岔开通位置等；在调车过程中，如果在某些特殊情况下需要使用手信号指挥调车，则调车工作人员不但要了解手信号显示内容的意义，还必须熟练掌握其显示方法。

> **知识拓展**
>
> 调车作业需要做到四禁止：设备或障碍物侵入线路设备限界时，禁止调车作业；禁止提活钩溜放调车作业；客车转向架液压减震器被拆除但空气弹簧无气时，禁止调车作业；禁止两组车组或列车同时在一条股道上相对移动。

2. 调车作业常见事故及原因

一般来说，调车作业常见事故分为撞、脱、挤、溜 4 种类型，即冲突、脱轨、挤岔和车辆溜逸。造成这些事故的原因有以下几点。

（1）调车作业计划有问题或传达不彻底。

（2）调车作业前检查不彻底，准备不充分。

（3）误排进路、未扳、错扳道岔或错误转动道岔。

（4）调车信号显示不标准。未按规定的要求显示信号、错过了显示信号的时机、显示了错误的信号等都会导致信号显示不标准。

（5）没按规定采取防溜措施。

7.2.3　列车驾驶作业安全管理

列车驾驶作业是整个城市轨道交通行车安全工作的关键环节之一，是行车安全工作的最后一把"锁"。

1. 列车驾驶作业的安全准则

列车驾驶员的操作应在正常情况下确保"准确"，在非正常情况下确保"安全"，所有操作均要求动作紧凑、快速正确。

列车驾驶作业包括整备作业、站台作业、折返作业、调车作业等，具体的作业安全准则如下。

（1）列车驾驶员在进行整备作业前必须了解列车停放位置及列车状态，并携带相关工具严格按要求整备列车、检查列车的各个部分，在确认地沟无人和两侧无阻挡物后方可动车。

（2）在进行站台作业时，列车驾驶员应先确认列车停在规定的范围内，然后严格按照作业程序开关屏蔽门和车门。特别是在动车前，要认真确认屏蔽门与车门间空隙无人无物后，方可进驾驶室动车。

（3）列车驾驶员在进行折返作业时必须严格遵守交接班制度；关门前必须确认行车凭证、道岔、进路正确；动车前确认所有人员均在安全区域。

（4）列车驾驶员在执行调车作业时，应反复确认作业的可行性，做到调车作业目的不清不动车；设置铁鞋防溜时，不拿出铁鞋不动车；没有信号或信号不清不动车；道岔开通不正确不动车；侵限、侵物不动车；凭自身动力动车时，没有制动不动车；机车、车辆制动没有缓解不动车；调车作业没有联控不动车。

2. 列车驾驶员的基本要求

1）列车驾驶员必须参加培训并持证上岗

鉴于列车驾驶员在行车过程中的重要作用，城市轨道交通相关管理部门规定了列车驾驶员上岗值乘的必要条件：首先，列车驾驶员必须经过培训并考试合格，取得列车驾驶证后方准独立驾驶列车；其次，列车驾驶员脱离驾驶岗位 6 个月以上，如需再驾驶列车，必须对业务知识和安全运营知识等进行再培训，考试合格才能上岗。

2）列车驾驶员必须掌握设备设施情况

列车驾驶员必须具备较高的业务水平，包括掌握列车的基本构造、性能、一般故障处理方法，熟悉城市轨道交通线路和站场等基本设施情况。

扫一扫
列车驾驶员的职责

3）列车驾驶员必须具备一定的应变能力

在行车事故的初期，往往只有列车驾驶员能够最早发现事故苗头和先兆并做出处理，所以一名合格的列车驾驶员必须掌握有关突发事件的初期处理方法，使突发事件能够在初期得到控制和处置。

4）列车驾驶员必须做到"三严格"

列车驾驶员必须牢记"安全第一"的宗旨，驾驶列车时应做到"三严格"。一是严格遵守各种规章制度，正确执行各种作业程序，确保列车运行安全；二是严格按照运营时刻表及信号显示行车，工作时严守岗位，不得擅自离岗；三是动车前应认真确认"行车三要素"（即进路、信号、道岔）。

3. 列车驾驶员的安全职责

（1）负责按列车时刻表的要求驾驶列车，严格执行各项规章制度，确保列车安全、准点运行，保证运营期间行车安全。

（2）在正线时听从行车调度员统一指挥，在车辆基地时听从车辆基地调度员统一指挥。

（3）负责确认行车凭证，瞭望前方线路，发现危及行车安全的情况时，立即采取紧急措施。

（4）负责正线列车运营和车辆基地调车、调试作业的安全。

（5）加强自身业务学习，提高应急处理能力，发生突发事件时，马上报告行车调度员，冷静、果断、及时地处理，尽快恢复列车运营。

（6）严格执行标准化作业，监督副驾驶员或其他人员按章作业，确保行车安全。

（7）如遇身体不适，应及时转告派班员，请求协助，避免影响正线服务。

时代楷模

乘客安全放在首位

廖明是北京地铁运营三分公司回龙观乘务中心的一名地铁列车驾驶员。1985年参加工作至今，他已在列车驾驶员的岗位上工作了30多年年。2013年，他以安全行车里程达到89.187万公里，成为北京地铁安全行车第一人，并于2015年被评为"全国劳动模范"。廖明认为，当一名地铁列车驾驶员，就是要保证不出事故，这是责任，也是坚守。他最常说的一句话就是："我把工作的每一天都当做第一天对待。"

冬天下雪时，为了保证第二天的正常运行，地铁停运后要进行车辆轧道，防止接触轨结冰。这项工作十分艰苦，他经常一干就是整整一宿，冻得双腿没知觉。廖明是参加轧道最多的司机之一，每次下大雪，即使不当班，他也会第一时间从家里跑到车辆段，和当班的同事一起清扫车场道岔。

面对艰苦的工作，廖明没有退缩，反而迎难而上，为地铁的安全运行无私地奉献出自己的汗水，用最平凡的坚守书写出新时代的劳模精神。

7.2.4　接发列车作业安全管理

接发列车作业主要包括监视列车的运行和发到情况，监视站台乘客候车秩序，与列车驾驶员建立联控措施，确保站台安全，以及在特殊情况下，根据调度指令组织行车等。

1. 接发列车作业常见事故及原因

接发列车的安全直接关系到列车运行的安全、正点和运输效率。车站在办理接车、发车和列车通过作业程序中发生的一切行车事故统称为接发列车事故。

1）接发列车作业常见事故

（1）向占用区间发出列车。

（2）向占用线路接入列车。

（3）未准备好进路接发列车。

（4）未办或错办闭塞发出列车。

（5）列车冒进信号或越过警冲标。

（6）错办或未及时办理信号导致列车停车。

（7）错误办理行车凭证发车或耽误列车。

2）接发列车作业事故的常见原因

接发列车作业的任何一个环节出现漏洞都可能埋下事故隐患。从对已发生事故的分析来看，导致接发列车事故的主要原因包括以下几个方面。

（1）值班人员离岗、打盹或做与接发列车作业无关的事情。

（2）办理闭塞时没有确认区间处于空闲状态。

（3）不按规定检查、确认接发列车进路。

（4）不认真核对行车凭证。

（5）取消、变更接发列车进路时联络不彻底。

2. 接发列车作业安全要求

为了预防接发列车作业事故，在进行接发列车作业时需要遵守以下几个方面的安全要求。

1）办理闭塞作业

办理列车闭塞是接发列车作业的首要环节，也是容易导致列车事故的关键环节。车站值班员办理闭塞前，必须认真确认区间已空闲，从而防止向占用区间发出列车。为此，相关工作人员必须认真做好以下工作。

扫一扫

车站日常作业

（1）检查确认前一列车是否完整到达。

（2）检查确认区间是否有列车占用。

（3）检查确认区间是否封锁。

（4）检查确认区间是否遗留车辆。

（5）区间内设有道岔时，检查区间道岔是否向正线开通并锁闭。

（6）检查确认有关记录情况。

（7）认真仔细核对车次必须准确清晰。

（8）用语必须准确完整。

2）检查与准备进路

检查与准备进路是接发列车工作中极为重要的环节，必须认真做好以下工作。

（1）确认接发车进路正确无误。接发列车进路的正确与否，直接关系列车运行安全。当连锁设备正常时，车站可通过信号设备的显示来确认接发车进路；当连锁设备停用时，工作人员须认真检查列车进路的现场，在确认道岔位置正确及按要求加锁后，方可报告接发车进路准备妥当。

（2）确认接车进路空闲。车站值班员和现场工作人员在准备接车进路时，必须检查和确认接车线路空闲，避免线路上存在机车、车辆及其他危及列车运行安全的障碍物。

（3）确认影响进路的其他作业已经停止。

3）迎送列车

（1）确认列车整列到达，严密监视列车运行安全状态。

（2）站台员随时注意站台乘客动态，当列车进站时应在各屏蔽门附近站岗，维持乘客上下车的秩序，防止乘客在关门时抢上抢下。发车时，站台员若发现站台或屏蔽门异常（如夹人、夹物），应立即用对讲机通知驾驶员，若驾驶员无回应，应立即按下紧急停车按钮，并及时汇报车控室。若驾驶员发现异常情况要求车站协助时，车站须按规定给予配合。

（3）确认列车发车条件无误后，方可指示发车。

7.2.5　设备维护管理

1. 固定设备维护管理

大量事例表明，导致城市轨道交通突发事件的主要原因是设备操作不良或出现故障。因此，要避免或减少突发事件的发生，必须加强对固定设备的维护管理。

1）固定设备的分类

城市轨道交通固定设备按照专业类别可以划分为工务系统、供电系统、通信信号系统和机电系统，每个专业系统中都包含相应的子系统和设备，如表 7-3 所示。

表 7-3　固定设备的分类

工务系统	轨道、路基、高架桥、隧道、其他
供电系统	主变电所、牵引变电所、电缆、接触网、动力系统、低压配电及照明系统、电力监控系统
通信信号系统	传输设备、电话交换、无线通信及广播系统、通信设备故障监控、ATS 列车自动监控系统、ATP 列车自动防护系统、其他
机电系统	环控系统、给水排水系统、屏蔽门系统、电梯系统、机电设备监控系统、消防系统、自动售检票系统

2）固定设备的检修方式

目前我国城市轨道交通固定设备的检修多采用计划检修和故障检修两种方式相结合的形式。

（1）计划性检修按照工作时间不同分为运营期间的检修和停运期间的检修。

运营期间检修多发生在车辆段、车站设备室等不影响行车的设备检修处。但大部分检修工作需要占用较大空间，且不同专业之间交叉作业多，需要相互协调，合理分配时间和空间资源，因此大部分的检修工作都集中在夜间停运期间进行。停运期间的检修流程如图 7-2 所示。

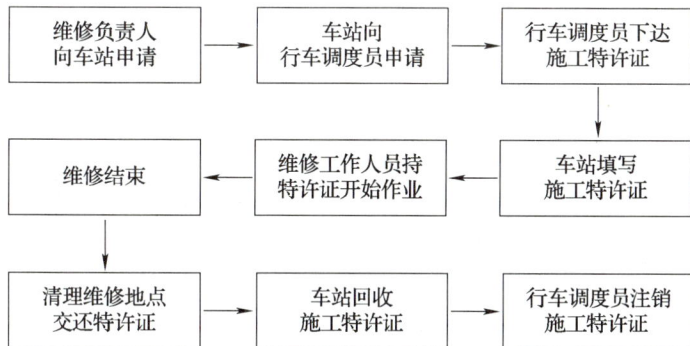

图 7-2　停运期间的检修流程

（2）故障检修的工作重点是故障抢修，故障抢修主要分为占用运营线路和不占用运营线路两类。

占用运营线路的故障抢修流程与停运期间的检修流程类似。

不占用运营线路的抢修因为不涉及线路上列车的运营，通常由相关部门根据故障的严重程度采取相应的措施进行处理。

2. 车辆维护管理

城市轨道交通车辆构造复杂、技术性强、数量庞大、型号各异，运营单位在制订相关安全管理方案时需要考虑车辆中不同部件的使用频率，并结合其故障规律、故障频率和故障严重性，采取不同的维护对策，使得维护工作更加科学合理，从而达到维护经济适用、设备安全可靠的管理目的。

1）车辆设备的分类

城市轨道交通车辆设备的分类方式众多，可按照功能不同划分为机械类、电气电子类和其他类设备等。在这里，为了方便运营单位进行安全管理，我们根据设备故障后果和频率将车辆设备分为一类设备、二类设备和三类设备，如图 7-3 所示。

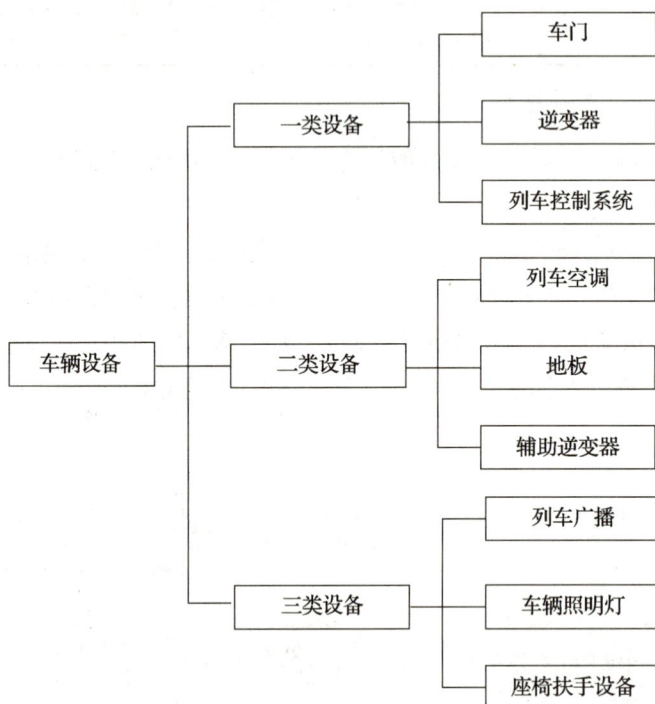

图 7-3　城市轨道交通车辆设备分类

（1）一类设备。

一类设备是在城市轨道交通运营中起主导作用的重点维修设备，主要包括车门、逆变器、控制系统等。一类设备发生故障极有可能引起人身安全问题、财产损失等，故障后果严重，故障频率高。

（2）二类设备。

二类设备是在城市轨道交通运营中起较大作用的加强维修设备，主要包括列车空调、地板、辅助逆变器等。二类设备发生故障可能影响人身安全，故障频率相对较高。

（3）三类设备。

三类设备是在城市轨道交通运营起辅助作用的普通维修设备，主要包括列车广播、车厢照明灯、座椅、扶手等。三类设备一般结构简单、维修方便、数量众多、价格便宜。这类设备若在生产中出现故障，对列车运营的影响较小。

> **提 示**
>
> 运营单位在制订车辆安全管理计划时，对会导致严重故障后果的车辆设备，要优先考虑主动维修；对于发生故障对运输生产影响不大的车辆设备，可以优先考虑事后维修的经济性。

2）车辆的检修方式

目前，我国城市轨道交通车辆安全管理方案主要是按固定间隔进行预防为主的定期检修，一般可分为列检、月检、定修、架修和厂修 5 个等级。其中，列检和月检通常在停车场实施；定修和架修通常在车辆段实施；厂修就是回厂返修。如表 7-4 所示为某城市轨道交通车辆检修作业规范表。

表 7-4　某城市轨道交通车辆检修作业规范表

检修等级	检修周期	检修停时	检修内容
列检	1 天	—	对列车各装置及部件，如车门、蓄电池箱、控制装置、牵引装置等主要部件进行外观检查。对危及行车安全的故障进行重点修理
月检	1 月	1 天	对列车各装置及部件，如车门、蓄电池箱、控制装置、牵引装置等主要部件的技术状态和功能进行检查和必要的试验。对危及行车安全的故障进行全面修理
定修	运营里程数每达到 10 万千米或运营时间达 1 年	10 天	拆卸重要部件，如牵引电机、控制装置、蓄电池等，对其技术状态和功能进行检查和修理，并进行必要的试验；对计量仪器仪表进行校验；对其余主要部件的技术状态和功能进行相应的检查和修理，并进行静调和试车，以达到定修标准
架修	运营里程数每达到 50 万千米或运营时间达 5 年	25 天	拆卸重要部件，如牵引电机、控制装置、蓄电池等，对其进行分解、检查和修理，并进行必要的试验；对计量仪器仪表进行校验；对车体及其余部件的技术状态和功能进行相应的检查和修理，车体油漆标记，并进行静调和试车，以达到架修标准
厂修	运营里程数每达到 100 万千米或运营时间达 10 年	40 天	架车、车辆解体、对转向架和车体进行整形，对所有部件全部进行分解、检查和修理，直到完全恢复其性能；重新油漆标记，并进行静调和试车，以达到厂修标准

城市轨道交通运营单位应该根据用车规模，合理地确定车辆的检修周期和检修时间，这样能提升车辆的利用率并降低配备的车辆数，从而以减少城市轨道交通车辆段的建设投资，降低其运营成本。

任务实施

模拟列车接发工作

任务描述

通过练习城市轨道交通手信号，掌握车站接发列车作业的主要过程。

任务目标

熟练掌握城市轨道交通手信号，并能在不同的情境下使用正确的手信号。

任务内容

学生自行组队，每队 2 人，其中一人扮演驾驶员驾驶列车，另一人扮演站务员负责接发列车。两人准备好相应的道具（手信号旗或手信号灯）后，按照下面提供的城市轨道交通手信号模拟不同场景下的接发列车工作。完成一次模拟后两人交换角色，确保每人都有机会扮演站务员。

城市轨道交通手信号

（1）发车手信号。

显示时机： 确认发车条件已具备。

显示地点： 站台发车端列车驾驶室侧窗旁安全位置。

显示方式： 右手持绿色信号灯/展开的绿色信号旗，面对驾驶员作顺时针圆形转动，如图 7-4 所示。

图 7-4　发车手信号显示方式

收回时机：列车启动。

（2）**停车手信号。**

显示时机：看见列车头部灯光。

显示地点：来车方向站台发车端端头。

显示方式：面向来车方向，手（轨道侧）持红色信号灯/展开的红色信号旗平举，如图 7-5 所示。

图 7-5　停车手信号显示方式

收回时机：列车至规定停车位置停稳。

（3）**调车手信号。**

显示时机：确认全进路办理完毕，动车条件具备。

显示地点：调车进路首架信号机处安全位置。

显示方式：面向来车方向，右手持黄（白）色信号灯/展开的黄色信号旗高举头上左右摇动，如图 7-6 所示。

图 7-6　调车手信号显示方式

收回时机：列车头部越过显示地点。

（4）紧急停车手信号。

显示时机：发现危及行车安全的紧急情况时。

显示地点：危及行车安全事发点处的安全位置。

显示方式：手持红色信号灯/展开的红色信号旗高举头顶左右急剧摇动；无信号灯/旗时，两臂高举头顶左右交叉急剧摇动，如图7-7所示。

图7-7　紧急停车手信号显示方式

收回时机：列车停稳。

任务自测

请就近前往任意地铁站，并仔细观察站台员在接发列车时的手信号使用情况，以及驾驶员收到信号后做出的反馈。

任务 7.3　城市轨道交通突发事件应急处理

任务引入

某日8时，小李像往常一样乘坐地铁1号线上班。列车行进至某一区间时，突然紧急停车，导致许多没有座位的乘客站立不稳，差点摔倒。随即列车内的照明、通风设备全部停止工作，原本嘈杂的车厢顿时安静下来。过了大概1分钟后，车内的照明、通风陆续恢复，并响起了驾驶员的广播，"我是本次列车的驾驶员，因系统故障，列车发生紧急停车，请乘客们耐心等待"。又过了1分钟，驾驶员继续播报，"我是本次列车的驾驶员，因系统故障，列车发生紧急停车，请乘客们耐心等待"。之后每间隔1～2分钟，驾驶员都会进行上述播报，直到故障修复，列车重新运行。

虽然这次故障从发生到修复经过了足足 35 分钟，但是由于驾驶员不间断地安抚乘客，及时播报事故原因及修复进展，列车上的乘客均表示理解，没有任何不满。

请想一想：你能从以上故事中学到什么？

知 识 准 备

7.3.1　列车车门故障的应急处理

1. 车门无法开启的应急处理

（1）驾驶员应尝试将车门开关三次，若不能成功，应使用门控开关进行开门操作。如果仍不能成功，驾驶员应立即报告行车调度员，将所有车门调至打开模式，等待车站相关人员来处理，并用广播通知乘客列车暂时延误。

扫一扫

地铁突发情况处理

（2）行车调度员应及时调整列车运行方案，并通知车站车站相关人员进行处理。

（3）车站相关人员接到行车调度员的通知后，应立即携带处理工具和手持电台赶往现场进行处理。

（4）车站相关人员应先用手反拉车门，确认不能拉开后，将故障车门隔离，张贴警示标志，并报告行车调度员，在其指示下继续组织列车运行。

若多个或全部车门无法打开时，行车调度员应发布清客命令，安排故障列车下线。

提　示

车站在清客的过程中，务必要打开所有的自动检票机和边门，并在容易造成乘客拥堵的关键"节点"（如楼梯、自动检票机等处）进行引导。另外，要注意控制站台两端的端头门，避免乘客误入区间。

2. 车门无法关闭的应急处理

（1）驾驶员应尝试将车门开关三次，若不能成功，应立即报告行车调度员，将所有车门调至打开模式，等待车站相关人员来处理，并用广播通知乘客列车暂时延误。

（2）行车调度员应及时调整列车运行方案，并通知车站车站相关人员进行处理。

（3）车站相关人员接到行车调度员的通知后，应立即携带处理工具和手持电台赶往现场进行处理。

（4）车站相关人员应先检查故障车门处是否有异物。如果有异物，则立即取出，并通知驾驶员关闭车门看是否成功。若成功，则隔离车门，张贴警示标志，继续运营；若不成功，则立即通知行车调度员。如果没有异物，手动关闭车门后，通知驾驶员开关车门看是否成功。若成功，则隔离车门，张贴警示标志，继续运营；若不成功，则立即通知行车调度员。

若多个或全部车门无法关闭时，行车调度员应发布清客命令，安排故障列车下线。

7.3.2　车辆脱轨的应急处理

1. 初期处理

（1）发生列车脱轨时，驾驶员应紧急制动并及时报告行车调度员，然后通过广播安抚乘客，并为乘客通报事故处理进展。

（2）行车调度员接到驾驶员的故障报告后，应及时确认工作人员及乘客的伤亡情况及列车的相关信息，并发布封锁故障列车所在区间的命令，防止其他运营列车进入事发区间。

（3）供电维修人员应将脱轨车辆附近的接触网断电，并挂好接地线，防止相关人员在疏散时触电。

2. 救援处理

1）制订救援方案

接到救援请求后，行车调度员应尽快调整列车运行方案，并根据掌握的信息快速制订出合理的救援方案。

扫一扫
列车脱轨事件

2）传达救援方案

确定救援方案后，行车调度员应及时将方案通知相关驾驶员和车站等，要求相关人员应尽快做好救援前的准备工作，并向驾驶员发布清客命令。

3）疏散乘客

（1）相关车站工作人员应打开隧道照明和送风设备，携带应急用品进入事发区间，在驾驶员的协助下组织乘客疏散。确认乘客疏散完毕后，及时通知行车调度员。

（2）驾驶员通过广播引导乘客全部下车，与前来进行疏散引导的车站人员进行工作

交接后，应留在现场做好列车的防护及协助救援工作。

4）派遣救援列车

（1）行车调度员确认事故现场的乘客安全撤离后，通知救援人员前往事发地点。

（2）救援人员先对脱轨车辆上止轮器以防止其移动，然后确定车体支撑点和移动支撑点，并制订救援方案。待相关工作人员确认方案可行后，救援人员开始进行复轨抢修作业。

> **提　示**
>
> 　　如果车辆发生多轮脱轨，救援人员要先选择容易复轨的轮对先复轨，其他轮对再根据实际情况分别复轨。

3. 救援结束

脱轨列车复位且满足行车条件后，救援人员应及时向行车调动报告有关情况。驾驶员应配合救援列车做好连挂作业，在行车调度员的安排下，将故障列车开至规定的低点。

7.3.3　正线大面积停电的应急处理

正线大面积停电一般是由主变电所停电所导致的线网大面积瘫痪的运营类突发事件。虽然这种事故发生的概率很低，但是一旦发生，将对地铁运营安全和乘客服务带来重大的影响。

当发生正线大面积停电时，运营人员必须遵循"先通后复"的处理原则，也就是先尽快恢复运营，然后再通知相关部门修复或更换故障设备，以降低因城市轨道交通停运而造成的一系列不良影响。

正线大面积停电的应急处理方法大致如下。

确认大面积停电后，运营单位应先根据各线路实际情况启动相应的应急预案，并指导各部门根据不同的情况采取应对措施。

（1）OCC应及时了解故障情况和影响范围，组织相关人员尽快抢修，同时要求停电区段采取安全措施。

（2）行车调度员应及时向驾驶员和车站发布列车停运、车站关闭的命令，并报告上级部门。及时调整列车运行方案，随时关注故障处理进展。

（3）驾驶员应加强对列车运行状态的监控和对线路的观察，降低速度运行，维持列车到站停车，并组织列车上的乘客疏散。如果列车停在区间，必须立即报告行车调度员，由行车调度员派相关车站人员支援，组织列车上的乘客向车站进行疏散，如图7-8所示。

图 7-8　车站人员组织乘客向车站疏散

（4）车站应立即启动紧急疏散预案，启用紧急照明，组织相关人员疏散乘客，注意检查是否有人员困在电梯中。清站完毕后关闭车站，及时将情况汇报 OCC，若通信中断，应设法与外界取得联系，并做好自救工作。

> **提　示**
>
> 　　正线大面积停电事故一般不容易在短时间内得到解决，因列车停运而滞留的大量客流都会转移到地面交通上。此时，城市客运管理部门应及时安排公交车和出租车进行支援，以缓解客流压力。

7.3.4　火灾的应急处理

1. 车站火灾

（1）车站工作人员发现火情后，首先应向 OCC 报告，并按压火警按钮，组织相关人员播放紧急疏散广播。

（2）OCC 接到火灾报告后应及时扣停相关列车，防止其进站，并调整列车运行方案。通过 CCTV 随时监控现场情况。

（3）车站应及时关闭有关设备，视现场情况大小拨打 119、120 救援电话。

（4）车站应立即在 OCC 的指示下，组织工作人员做好个人防护，进行灭火。

（5）车站应执行紧急疏散命令，引导车站乘客有序撤离车站，发现受伤乘客应及时施救。

（6）车站确认乘客全部疏散后报告行车调度员，安抚受伤乘客并在安全地带陪伴其等候 120 到来。

2. 列车火灾

1）列车在车站发生火灾

（1）驾驶员发现火灾或收到报警信息后，应立即打开所有车门疏散乘客，并报告 OCC 和车站。前往着火出进行灭火。

（2）OCC 接到火灾报告后应及时扣停相关列车，防止其进站，并调整列车运行方案。通过 CCTV 随时监控现场情况。

（3）车站应立即车站应立即在 OCC 的指示下，组织工作人员做好个人防护，进行灭火，并视现场情况大小拨打 119、120 救援电话。

（4）其他相关部门应及时切断接触网供电，启动通风设备，配合救火。

2）列车在区间发生火灾

（1）驾驶员发现火灾或收到报警信息后，应立即了解火情，并报告 OCC 和相关车站。广播安抚乘客，并指引车内乘客使用灭火器灭火。在 OCC 的指示下尽量将列车开进车站，然后配合车站工作人员灭火和疏散乘客。

扫一扫
地铁火灾逃生要诀

（2）OCC 接到火灾报告后应及时扣停相关列车，防止其进站，并调整列车运行方案。随时了解火灾现场情况。

（3）列车发生火灾被迫停在区间，需要区间疏散乘客时，临近车站应根据 OCC 的命令组织乘客由正确方向、有序疏散出区间，尽量避免乘客在区间受伤。

（4）其他相关部门应及时切断接触网供电，启动通风设备，配合救火。

（5）临近车站的工作人员要随时关注火情，必要时疏散车站内乘客，封闭车站，并准备好相关的灭火装置。

（6）消防队员到达后，将灭火主要工作交给消防队员，车站工作人员辅助消防员进行灭火。

提　示

列车在区间发生火灾的特点有以下几点。相关工作人员在进行人员救援时要根据其特点谨慎设计救助方案，避免造成二次伤害。

（1）火灾会在隧道内形成浓烟和热气浪，同时产生大量的有毒气体，这对本就空间有限的隧道来说，十分不利。

（2）隧道一片漆黑，使得火场指挥员无法迅速确定起火点，且隧道的进出口有限，消防队员之间难以进行战术配合。

（3）火灾会使隧道中的温度急剧上升，这会使消防员携带通信器材产生影响，严重时会无法工作，甚至致使整个通信系统瘫痪。

3）恢复运营

（1）确认火灾扑灭、设备抢修结束、人员出清线路、公安取证完毕后，报告 OCC 请求恢复运营。

（2）接到 OCC 恢复运营的通知后，车站工作人员应检查相关设备及所管辖的线路的情况，并为恢复运营服务做准备。

7.3.5　恶劣天气的应急处理

1. 暴雨天气应急处理

1）初期处理

（1）OCC 应下令启动相应的预案，并做好支援安排。

（2）车站应组织工作人员做好应急抢险准备，如准备好抗洪物资等，如图 7-9 所示。做好乘客广播工作，提醒乘客防滑。做好信息汇报工作。

图 7-9　车站抗洪物资

（3）驾驶员应加强瞭望，及时向 OCC 汇报暴雨造成的影响。

2）现场处理

（1）OCC 应密切关注现场情况，并随时与车站、驾驶员等保持联系，做出合理的应急安排。

（2）车站应在出入口、电梯口、露天站台乘客候车处等湿滑的地点放置防滑警示牌，加强乘客引导及出入口避雨乘客的疏导工作。

（3）车站工作人员应密切监视车站出入口积水情况、隧道区间的水位情况，发现问题后及时报 OCC 和值班站长。

（4）如车站发生雨水倒灌的紧急情况应立即报告 OCC，组织工作人员做好应急抢险工作，必要时疏散站内乘客。

（5）驾驶员在行驶过程中应随时注意线路情况，并可在 OCC 的同意下启动人工驾驶模式。在地下线路行车时，如发现线路水浸，则应立即报告 OCC，并根据其要求执行行车事宜。

3）应急结束

（1）车站接到 OCC 应急终止命令，且车站紧急情况解除后，通知各岗位终止应急处理，撤除防滑警示牌等设施，清理现场，恢复正常运营工作。

（2）驾驶员接到 OCC 应急终止命令后恢复正常驾驶。

2. 暴雪天气应急处理

1）初期处理

（1）OCC 应下令启动相应的预案，并做好支援安排。

（2）车站应组织工作人员做好扫雪、除冰准备。做好乘客广播工作，提醒乘客防滑。做好信息汇报工作。

（3）驾驶员应加强瞭望，及时向 OCC 汇报暴雪造成的影响。

2）现场处理

（1）OCC 应密切关注现场情况，并随时与车站、驾驶员等保持联系，做出合理的应急安排。

（2）车站应在出入口、电梯口、露天站台乘客候车处等湿滑的地点放置防滑警示牌，加强乘客引导工作。必要时应组织工作人员进行扫雪、除冰工作。

（3）驾驶员在行驶过程中应随时注意线路情况，并可在 OCC 的同意下启动人降低运行速度。如现场情况严重影响行车安全，则应立即报告 OCC，并停车做好乘客安抚工作。

3）应急结束

（1）车站接到 OCC 应急终止命令，且完成扫雪、除冰工作后，通知各岗位终止应急处理，撤除防滑警示牌等设施，清理现场，恢复正常运营工作。

（2）驾驶员接到 OCC 应急终止命令，并确认行车设施设备符合动车条件后恢复正常驾驶。

3. 大风天气的应急处理

1）初期处理

（1）OCC 应下令启动相应的预案，并做好支援安排。

（2）车站应做好应急救援准备，加强巡视，做好乘客引导。

（3）驾驶员应加强瞭望，降低运行速度，及时向 OCC 汇报大风造成的影响。

2）现场处理

（1）OCC 应密切关注线路情况，随时与驾驶等保持联系，做出合理的应急安排。

（2）驾驶员在行驶过程中应随时注意线路情况，如发现车体有轻微摇晃时，应立即报告 OCC，按其指示降速或停车；如发现相关设备损坏，影响正常行车时，立即报告 OCC，并停车做好乘客安抚工作。

3）应急结束

（1）车站接到 OCC 应急终止命令，通知各岗位终止应急处理，清理现场，恢复正常运营工作。

（2）驾驶员接到 OCC 应急终止命令，并确认行车设施设备符合动车条件后恢复正常驾驶。

热点时事

2021 年 7 月 20 日，河南省遭遇极端强降雨，导致郑州地铁全线停运，同时多名乘客被困在隧道中，并造成人员伤亡。为切实做好城市轨道交通防汛工作，确保城市轨道交通安全运行，交通运输部对防汛工作作出指示，明确相关部门在进行城市轨道交通运营管理时应注意以下几点。

（1）高度重视防汛工作。

运营单位应坚持人民至上、生命至上，始终把人民群众生命安全放在第一位。防汛工作中应杜绝侥幸心理，克服麻痹思想，以高度的责任感、使命感、紧迫感，抓实、抓细、抓好防汛工作。

（2）立即对风险隐患进行再排查再整治。

运营单位要按照《城市轨道交通运营安全风险分级管控和隐患排查治理管理办法》（交运规〔2019〕7 号）有关要求，在前期排查工作基础上，重点排查地势低洼车站、过渡段、长大区间等重点区域排水设备设施的能力，并及时提升与加强各设备设施，杜绝安全隐患。

（3）及时调整完善应急预案。

运营单位要充分汲取所发生的雨水倒灌事件教训，进一步调整完善应急预案，对非常规情况下的极端天气采取停运列车、疏散乘客、关闭车站等应急措施。

（4）强化应急处置和抢险救灾。

各地交通运输部门要积极服从当地党委、政府的领导，严格按照《城市轨道交通行车组织管理办法》（交运规〔2019〕14 号）要求，不具备安全运行条件的，应坚决停运；运营单位要按照预案要求做好第一时间的应急处置和信息报告，迅速开展应急处置工作，确保乘客生命安全。

（5）稳妥有序恢复运营。

对于发生淹水倒灌的线路，运营单位要抓紧处置，在积水抽排完成后，应对设备系统全面深入地排查，及时更换受损设备，必要时可以聘请第三方机构、行业专家对相关线路进行全面测试评估，经安全评估确认具备安全运营条件后，方可投入运营，严防次生灾害发生。

任务实施

组织城市轨道交通车站防汛演练

任务描述

根据案例编写城市轨道交通车站防汛应急处理方案，并分角色对该方案进行情景演练，从而掌握城市轨道交通车站基本的防汛措施。

任务目标

对雨季常见的城市轨道交通车站雨水倒灌情况进行模拟，提升暴雨天气的应急处理能力。

任务内容

事件背景

某市气象局发布暴雨橙色预警：预计未来 24 小时内，本市有暴雨到大暴雨，其中东南部的局部地区有特大暴雨（250～280 毫米），并伴有短时强降雨（局部地区最大小时降雨量 50～70 毫米），并伴有雷暴大风等强对流天气。

防控指南：建议相关单位按照职责做好防御暴雨的应急工作；切断危险地带的室外电源，暂停户外作业；做好城市、农田的排涝，注意防范可能引发的山洪、滑坡、泥石流等灾害。

此次暴雨造成本市 6 号线××站出现雨水倒灌，为了乘客的出行安全，运营公司临时关闭了该站，并及时组织工作人员进行了应急处理。

（1）学生自行组队，每队不少于 6 人，分别担任行车调度员、值班站长、站务员、驾驶员等角色。

（2）根据本任务所学内容，小组内讨论编写暴雨天气的应急处理方案。

（3）各小组成员根据本组的应急处理方案进行情景模拟演练，并在演练中不断完善本组的应急处理方案。

（4）各组成员在班内进行汇报演练，并由老师对应急处理方案的内容、情景的演绎等方面进行评估。

任务自测

请根据以上演练过程尝试设计暴雪天气的应急演练活动，并指明演练活动中的注意事项。

行业知多少　　　　　　安全感是幸福感的底线

"不断满足人民日益增长的美好生活需要，不断促进社会公平正义，形成有效的社会治理、良好的社会秩序，使人民获得感、幸福感、安全感更加充实、更有保障、更可持续。"这是十九大报告中所提到的一段话，同时它也与代表何小玲的工作内容息息相关。

何小玲是上海隧道地铁维保应急救援队技术负责人，她和她的团队如"夜行侠"般，每天行走在闷热昏暗、高低磕绊的隧道里，守护着城市的地下安全。随着上海城市轨道交通修建的里程越来越长，何小玲的足迹也不断延伸。粗略估算，从团队有巡检工作开始，她在隧道里已经行走了十几万千米。

除了每天凌晨的常规巡检、维保，何小玲团队还要负责上海市重大工程和在建城市轨道交通的应急抢险工作。2020年年初，某在建工地因操作不当造成隧道内涌水，何小玲接到通知赶到现场时，已是傍晚6点，隧道内的水混杂着淤泥已积了40厘米深，管片还在不停地掉落。为了尽快完成抢险工作，她带领队员率先走了进去。

"宜居的城市，必须是安全的。"何小玲对城市安全运行十分关注，她认为，安全感是获得感、幸福感的底线，城市建设要特别注意提升城市基础设施建设质量，同时她作为党代表需要尽心履职，也需要更加坚定信念，发挥先锋模范作用。

（资料来源：http://newsxmwb.xinmin.cn/chengsh/2019/09/22/31587941.html）

项目学习效果综合测评

一、选择题

1. 下列不属于与城市轨道交通安全管理相关的理论的是（　　）。

　　A．事故因果连锁　　　　　　　B．能力意外释放

　　C．无　　　　　　　　　　　　D．轨迹交叉

2. 下列不属于城市轨道交通安全管理相关法律法规的是（　　）。

　　A．《城市轨道交通运营安全管理规定》

　　B．《国家城市轨道交通运营突发事件应急预案》

　　C．《城市轨道交通行车组织规定》

　　D．《北京市轨道交通运营安全条例》

3．下列属于调度作业安全要求的是（　　　）。

    A．行车调度员必须具备较高的业务水平和应急处理能力

    B．行车调度工作应严格执行单一指挥的原则

    C．行车调度员发布命令应准确、及时、完整

    D．以上所有

4．下列不属于接发列车作业安全管理范围的是（　　　）。

    A．检查与准备列车进路　　　　　　B．办理闭塞作业

    C．迎送列车　　　　　　　　　　　D．调取列车

二、填空题

1．城市轨道交通固定设备按照专业类别可以划分为＿＿＿＿＿＿＿＿＿＿、供电系统、＿＿＿＿＿＿＿＿＿＿和＿＿＿＿＿＿＿＿。

2．城市轨道交通固定设备的检修多采用＿＿＿＿＿＿＿＿和＿＿＿＿＿＿＿＿两种方式相结合的形式。

3．在《国家城市轨道交通运营突发事件应急预案》中，按照＿＿＿＿＿＿＿＿＿＿＿和＿＿＿＿＿＿＿＿＿＿，将城市轨道交通运营突发事件分为＿＿＿＿＿＿、＿＿＿＿＿＿、＿＿＿＿＿＿和＿＿＿＿＿＿＿＿ 4 级。

4．一般来说，调车作业常见事故分为＿＿＿＿＿＿、脱、＿＿＿＿＿＿、溜 4 种类型，即冲突、＿＿＿＿＿＿、挤岔和＿＿＿＿＿＿＿＿。

5．城市轨道交通突发事件主要有＿＿＿＿＿＿＿＿＿＿、＿＿＿＿＿＿＿＿、正线大面积停电、＿＿＿＿＿＿和＿＿＿＿＿＿＿＿。

三、综合题

1．根据设备故障后果和频率简述车辆设备的分类方法。

2．请按照本城市的气候特性分析本地城市轨道交通运营可能面临的恶劣天气，并结合当地运营单位的应急处理政策分析现行方案的优缺点。

参考文献

［1］王志强. 城市轨道交通运营管理［M］. 北京：清华大学出版社，2019.

［2］张秀芳，闫靖. 城市轨道交通运营管理概论［M］. 北京：北京航空航天大学出版社，2020.

［3］毛保华. 城市轨道交通系统运营管理［M］. 北京：人民交通出版社股份有限公司，2016.

［4］魏玉梅. 城市轨道交通运营管理实务［M］. 成都：西南交通大学出版社，2019.

［5］齐伟，方开莎. 城市轨道交通行车组织［M］. 上海：上海交通大学出版社，2017.

［6］张星臣. 城市轨道交通运营管理［M］. 北京：高等教育出版社，2016.

［7］高帅，余璇，靖娅青. 城市轨道交通票务管理［M］. 上海：上海交通大学出版社，2018.

［8］杨旭丽，杨燕，王晓飞. 城市轨道交通应急处理［M］. 上海：上海交通大学出版社，2018.

［9］黎茂盛. 城市轨道交通运营管理［M］. 长沙：中南大学出版社，2014.